国际贸易实务发展研究

陶　刚　著

中国原子能出版社

图书在版编目（CIP）数据

国际贸易实务发展研究 / 陶刚著. —— 北京：中国原子能出版社, 2022.8
　　ISBN 978-7-5221-2073-7

　　Ⅰ.①国… Ⅱ.①陶… Ⅲ.①国际贸易－贸易实务
Ⅳ.①F740.4

中国版本图书馆CIP数据核字(2022)第154606号

内容简介

本书属于经济学方面的著作，以外贸业务程序为主线，主要内容包括：实践教学与人才培养，教学探讨与教学创新，进出口业务问题探讨，交易磋商与合同的订立，商品的质量，数量和包装，进出口商品的价格，国际货物运输与交付，国际货物运输保险，争议的预防与处理，进出口经营与管理问题探讨，出口合同的履行，其他国际贸易方式等，系统地描述国际货物贸易的规则、惯例与实务操作。对国际贸易学相关专业的学生具有学习与参考的价值。

国际贸易实务发展研究

出版发行	中国原子能出版社（北京市海淀区阜成路43号　　100048）
责任编辑	王　蕾
装帧设计	河北优盛文化传播有限公司
责任印制	赵　明
经　销	全国新华书店
印　刷	北京天恒嘉业印刷有限公司
开　本	710 mm×1000 mm　1/16
印　张	15.25
字　数	260千字
版　次	2022年8月第1版　　2022年8月第1次印刷
书　号	ISBN 978-7-5221-2073-7
定　价	88.00元

前 言 ▶▶

国际贸易在国家经济发展中占据着举足轻重的地位，现阶段，环境保护意识的深入、数字技术的应用以及金融服务的创新都为国际贸易发展带来了新的驱动力量。首先，世界各国对环境问题非常重视，掀起了世界范围内的环境保护浪潮，这股浪潮已经开始影响国际贸易领域，促进绿色贸易的兴起与发展。其次，数字技术在国际贸易领域的广泛应用大大提高了国际贸易的效率，降低了国际贸易的准入门槛，重塑了国际贸易流程的各个环节。跨境电商等新业态不断涌现，成为外贸发展的重要推手，促进国际贸易实现数字化转型。最后，金融创新影响国际贸易的规模、方式、结构、风险等多个方面，深刻改变了国际贸易的融资模式，降低了国际贸易的融资成本和风险。为此，本书立足于国际贸易三大发展趋势，结合国际贸易与环境保护、技术进步、金融创新的关系，对国际贸易的绿色化、数字化、创新化发展进行了详细深入的研究，具体包括以下七个章节。

第一章：主要包括研究背景、国际贸易的相关概念以及国际贸易发展的相关理论。在明确国际贸易重要性的基础上，对国际贸易的内涵、特征、功能、分类和其他相关概念进行了详细介绍，阐述了国际贸易发展进程中的重要理论，为后文的研究奠定了理论基础。

第二章：主要介绍了国际贸易实务的四大版块内容，包括国际贸易的政策与措施、国际贸易的方式、国际贸易的货款结算以及国际贸易的运输与保险。为后文研究国际贸易模式、支付方式、国际物流三个方面的发展奠定实务基础。

第三章：从国际贸易的发展历程出发，详细分析了我国国际贸易的发展环境，最终明确了国际贸易绿色化、数字化、创新化的三大发展趋势。

第四章：基于国际贸易与环境保护的关系分析了国际贸易发展战略的绿色化导向，阐述了包括产业、贸易、消费、财税、信贷、外汇六大方面的绿色政策体系对国际贸易绿色化发展的助力作用，同时分析了在绿色化战略导向下，环保产业成为国际贸易发展重点的趋势。

第五章：基于国际贸易与技术进步的关系分析了国际贸易业务数字化的发展趋势。以跨境电商平台为例介绍了互联网平台在国际贸易交易业务中的应用，以跨境支付为例介绍了区块链在国际贸易结算业务中的应用，以跨境物流为例介绍了大数据在国际贸易物流业务中的应用。

第六章：基于国际贸易与金融创新的关系分析了国际贸易融资方式的创新型发展趋势。重点阐述了供应链金融和结构性融资在国际贸易融资中的创新应用，供应链贸易融资面向国际贸易融资对象所处的整条供应链提供融资服务，结构性贸易融资综合运用多种融资方式为国际贸易全流程提供个性化融资方案，二者共同为国际贸易融资创新提供支持。

第七章：对国际贸易实务发展进行了总结与展望，国际贸易绿色化、数字化、创新型的发展趋势并非是相互独立，而是相辅相成、相互渗透的。三大发展趋势相互交叉、共融共生，共同铺就一条绿色低碳型、数智化、金融创新不断升级的国际贸易发展道路。

目 录 ▶▶

第一章　绪论

纵观当下发展趋势，国际贸易已成为经济全球化的核心组成内容，世界各国越发重视国际贸易的地位。为了优化国际贸易形式，提升经济发展质量，需要对国际贸易的发展趋势有清晰的认知，这样我国才能更好地把握发展机遇，应对国际市场竞争。本章在明确国际贸易重要性的基础上，对国际贸易的内涵、特征、功能、分类和其他相关概念进行了详细介绍，阐述了国际贸易发展进程中的重要理论，为后文的研究奠定了理论基础。

第一节　研究国际贸易的重要性

中国作为四大文明古国之一，对外贸易历史悠久，早在西汉时期就开拓了世界闻名的"丝绸之路"。尤其是改革开放以来，国际贸易一直长期在我国经济发展历程中占据着举足轻重的地位。随着新世纪的到来，日益紧密的国际经济联系和越来越高频率的国际合作已悄然达到了难以企及的高度，国际贸易的发展早已让物质生产的发展望洋兴叹，不管是当前还是未来，国际贸易都已成为连通世界经济的重要纽带和必然趋势。同时，不断发展的高科技、不断提高的生产力、不断融合的国际生产和越来越精细化的国际分工铸就了国际贸易稳步快速的发展。

国际贸易优化了我国经济结构，促进经济结构合理调配。国际贸易进口渠道的开放，使原材料、技术以及设备等丰富的资源不断涌入国内，对国内不同行业，尤其是与第一产业相关的行业发展起到了积极的作用，提升了农、林、牧、渔业稳步发展。同时，使"中国制造"走向世界，加快了我国开放的脚步，促进第二产业突飞猛进的发展，包括日化、纺织等轻工业及汽车、机械、钢铁等重工业；国际贸易相关配套服务设置的同步完善，推动了我国第三产业的欣欣向荣，批发零售、交通运输、仓储服务等。由此，我国三大产业都从国际贸易的发展中受益，根据国家统计局发布的《中华人民共和国 2021 年国民经济和社会发展统计公报》可知，2021 年我国国内生产总值 1 143 670 亿元，比上年增长 8.1%，第一产业增加值占国内生产总值比重为 7.3%，第二产业增加值比重为 39.4%，第三产业增加值比重为 53.3%。我国形成了以制造业和服务业为主的产业结构，整体经济结构进一步改善，并且积极参与到全球的价值链中，这极大提高了国家的核心竞争能力。

国际贸易改善了人民生活，提高了人民幸福感。我国是一个商品大国，对外贸易依存度一直比较大，对外贸易能拉动我国就业市场发展，提供大量就业岗位。特别是农村地区，过去就业人员只能从事农业或简单的加工类工作，收入空间狭窄，而从事与国际贸易相关的工作，其收入和生活水平得到显著提高。这也间接刺激了国内消费市场的发育，使其积极扩大进口，保障重要农产品和能源供给，增加消费品进口，满足人民多样化需求，有效改善了民生，激发了一系列社会效益。

国际贸易促进了经济体制的创新。通过发展对外贸易，坚持以开放促改革、促发展、促创新。尤其是中国加入世界贸易组织之后，经济体制为顺应国际潮流的不断改革，让自身更快速地融入全球化中，在促进贸易平衡发展、提高贸易便利化水平、大幅放宽外商准入、加快实施自贸区建设等领域进行了体制改革和制度创新，有力推动了中国特色社会主义经济体制的形成和发展，为国民经济的发展提供了动力和保障。

国际贸易加强了各国的文化交流。在国际贸易的交易过程中，大量的外来文化对我国文化产业造成了一定的影响，但由于我国文化的包容性，多元文化的交流丰富了我国文化体系，使我国文化在相互借鉴中发展、成长。大量的中国优秀传统文化走出国门，面向世界展示其独有的魅力，形成了文化旅行、文化娱乐服务、文化相关产品等多样性的文化产业。国家统计局发布的数据显示，2021 年，全国 6.5 万家文化及相关产业企业营业收入达到 119 064 亿元，比上年增长 16.0%，行业整体发展情况良好。2021 年，我国教育部网站发布《关于政协第十三届全国委员会第四次会议第 2624 号（教育类 091 号）提案答复的函》。答复函介绍，据不完全统计，目前全球正在学习中文的人数超过 2500 万，全球累计学习、使用中文人数接近 2 亿人。2021 年起中文正式成为联合国世界旅游组织官方语言，中文在国际交往中的作用日益凸显，中文的国际影响力不断攀升。我国的文化软实力和对外文化交流水平得到了显著提高。

鉴于国际贸易的重要性，我国近年一直着力于国际贸易领域的战略布局。进入 21 世纪，随着互联网的发展，传统国际贸易的发展结构与发展模式被打破，以跨境电商为代表的网络贸易应运而生，促进了国际贸易的经营效益的提升，利用互联网技术与无线通信技术，通过高效的网络实现交易并完成商务活动，克服了传统贸易方式效率低下的缺陷。另外，与传统贸易相比，网络贸易改变了贸易的形式、内容及主体，促使国际贸易逐渐走向多元化。纵观国际贸易的发展形势，由于其不易跨越时空的局限，只能以储存期限较长、携带方便的货物进行贸易，加之地理、交通、税收等因素的制约，其在交易主体上只能选择与邻近的国家进行贸易。在新的科技发展时期，互联网技术为国际贸易带来了新的交易形态和环境，丰富的贸易品种打破了传统的实务化限制，实现了物流、商流、信息流及资金流的全面融合。同时，互联网的出现为中小企业提供了更多的外贸机会，一些个体卖家也可以加入到国际贸易中来，从而帮助企业在生产经营过程中降低运营成本，提高生产经营效率，扩大利润空间。在今后的发展中，国际贸易将会与网络技术进行深度融合，以电子商务为中心的网络贸易将会成为各国占领全球市场的主要手段，无论个人、企业，还是国家，都会与境外的贸易关系更加密切，这促进了国际贸易的多样化。

国际贸易一直在我国的经济发展中占据着十分重要的角色，国际贸易的融入程度是一个国家综合国力的体现。在当前纷繁复杂的国际大环境下，全球化已经是必然趋势，国际市场时刻都在变化，我们必须清醒地认识自己，准确定位，掌握发展规律，韬光养晦，大力发展经济与贸易，依靠科技的力量，提升我国经济贸易的总量和质量。

第二节 国际贸易的相关概念

一、国际贸易的基本内容

（一）国际贸易的定义

国际贸易也称通商，是国与国之间货物和劳务交易的一种模式，主要包含进口贸易和出口贸易，国际上也统称为进出口贸易。国际贸易也是一门以经济学为基础的经济学专业，包括宏观经济学、微观经济学、世界经济学概论、国际经济学、计量经济学、政治经济学等。

（二）国际贸易的特征

国际贸易是国际间的货物交易，属于商品交换范畴，随着国际贸易的不断发展，新的影响因素不断渗透，其特征也会有所变化，如图1-1所示。

图 1-1　国际贸易的特征

由图 1-1 可知，复杂性和风险性是国际贸易一直具有的特征。国际贸易的复杂性体现在两个方面：一是交易买卖双方的复杂，国际贸易的交易主体涉及不同国家或地区，由于世界各国所处的环境不同，语言、习俗、社会文化都存在差异，社会制度、法律制度、政策措施也完全不同，交易的规则、相关税收以及货物质量标准审查都会有所区别，因此国际贸易具有复杂性；二是交易流程复杂，国际贸易不仅涉及买卖双方，还涉及运输、保险、银行、商检、海关等相关部门的协作，整个交易流程具有复杂性。由于国际贸易的复杂性，国际贸易的买卖双方要承受比之国内贸易更大的风险，国际贸易的交易量和金额通常都很大，运输距离也比较远，导致合同履行周期比较长，还容易受到各国政治、经济、双边关系和国际形势改变等因素的影响，所以，国际贸易的风险性十分突出。

现阶段，互联网技术在国际贸易中的深入，促使其成为国际贸易良好发展的核心竞争点之一，在互联网的开放性条件下，买方和卖方之间的各种交易活动，包括交易沟通、货款收付、金融活动以及其他综合服务活动等都可以在线上展开，网络化已全面覆盖了国际贸易的各个环节，利用网络监测贸易进展、进行贸易记录、提供交易预测等，给跨境电子商务发展提供了坚实的基础条件，也为我国国际贸易转型和结构调整创造了新契机，形成了以跨境电商为代表的国际贸易新模式。因此，国际贸易也呈现了新的特征，具体体现在四个方面。

1. 贸易主体多元化

在之前想要成为国际贸易主体需要以一定规模且具有较强的经济实力为载体，如一些国际类贸易企业、大型制造商、代理商、经销商等。而在互联网飞速发展的今天，新型国际贸易的准入门槛要比传统国际贸易低很多，但这也丰富了贸易主体的构成，让许多小微企业、个体商户以及网络公司加入到国际贸易活动中来，这些合作伙伴只需要具有足够雄厚的资金基础和相对稳定的货源就可以参与其中。

2. 贸易环节简单化

在之前想要加入国际贸易活动，除了自身要有一定的硬实力外还要适应繁琐的各个贸易环节，一般的贸易环节都需要经历五个阶段，首先制造商将生产的产品销售给出口商，其次出口商再与进口商进行商品交易，再次进口商将交易来的商品售卖给经销商，再之后通过区域划分经销商将商品批发给不同的零售商，最终消费者购买到零售商所售卖的产品，这就是传统国际贸易完整的进出口商品销售流程。一件商品从生产到售卖到消费者手中，中间经历的环节越多，越会出现层层加码的情况，毕竟中间商赚取的都是差价，最终都由消费者买单差价。新时代的国际贸易发展简化了传统贸易模式，跨境电商的出现使得国际贸易活动不受地理、时间的限制，极大地简化了中间流程，让消费者不必为中间商的利益买单，有效地降低了消费者购买产品的成本。

3.交易网状化

双边贸易占传统国际贸易的比例非常高，多边贸易所占比例极少，还多以转口贸易的形式体现，始终未与双边贸易脱离干系，贸易结构多以线性为主。而以跨境电商为代表的新型国际贸易模式表现为借助国际化的网络平台，各国的制造商、销售商、第三方支付服务商、物流服务商、消费者都可以交叉合作，多个国家会参与到整个交易活动的方方面面，使其构成一个网状结构。

4.贸易流程优化

传统贸易模式下，一项完整的国际贸易活动主要包括询盘、发盘、洽谈、签订合同、制作单据、发货等。在交易开始之前，交易双方会积极参与各项产品推广会、展览会等，或者搜寻相关媒体信息，从而了解贸易情况，这种信息了解具有一定的局限性，比如某公司为参加展会，未发布过媒体信息，会导致信息缺失和不对等，长此以往，不利于贸易的进行。而交易商谈过程中，交易双方谈判、沟通也主要依靠电话、传真等方式开展，其具有一定的障碍性，不仅难以保障信息的隐秘性，同时也难以确保信息的即时性。而合同多以纸质形式呈现，无论是签订还是保存对外部环境的要求都很高。最后是实际开展贸易活动时，买卖双方还要针对具体的情况签订各种各样的协定，办理相应的手续，主要包括申领进出口的许可、租船、托运、报关等。而互联网的背景下，新的国际贸易可以有效运用互联网技术优化贸易流程。在交易开展之前，交易双方可以将自己的贸易信息发布到商务平台上，并在上面查询自己想要了解的信息。同时进出口双方可以有效利用相应的社交软件进行联络，视频的方式促使二者交流更加便利，也实现了面对面沟通的目的，交易也能够更快地达成。在交易商谈的过程中，计算机能够将各种电子形式的电函、单据、文件等以标准的格式呈现出来，确保了交易信息的隐秘性以及即时性。在履行交易时，出口方可以直接进入网站完成退税、进出口许可证申领等手续。而进口方能够采取网络支付形式完成安全快速的支付活动，并且能够根据订单信息对产品的物流走向进行实时监控，从而对交货时间作出精准的预测。

（三）国际贸易的功能

国际贸易具备促进全球生产要素的有效使用，优化各国产业结构，充分发挥比较优势，有利于增加财政收入、提高国民生活水平，协助各国市场的供需调节，同时加强各国间的经济联系、推动经济发展等重要功能，对参与贸易的各个国家，甚至全球经济的发展起着举足轻重的作用。

1. 促进生产要素的有效使用

现阶段，劳动力、资本、土地、技术等生产要素在各国之间的分配存在着不均衡的现象，有些国家资本匮乏却劳动力充足，有些国家地域狭小却资本充裕，有些国家农业技术水平低下但有大量闲置土地无法得到利用。在没进行国际贸易之前，缺点会被无限放大且无计可施，受本身自然资源条件的限制，生产力、生产规模都提升不到平均水平，造成大量生产要素的闲置和浪费，不能从根本解决现实问题。在国际贸易中，各国可以通过国际劳务贸易、技术贸易、资本转移、土地租赁等手段，把过剩的生产要素与其他国家进行交易，从而减轻或消除短缺的生产要素带来的不利影响，使过剩的生产要素得到有效的利用，实现了生产规模的扩张和经济的快速发展。

2. 优化产业结构

未进行国际贸易之前，一些国家的产业结构单一，为了促进发展，立足国际化视角，找准与本国相对应的位置，大量引进先进的科学技术装备，提升本国的国际影响力。与此同时，各国的产业结构也随之不断地调整、优化，第三产业的比重不断上升，促进整体经济的协调发展。

3. 发挥比较优势

比较利益和比较优势是各国参与国际贸易的根本条件。运用比较利益与比较优势进行国际分工与国际贸易，加速自己优势产品的更新与迭代，让产业规模升级，出口更多的优势商品，从而可以用进口的方式填补劣势产品的空缺。由此在社会生产力不变的情况下实现生产要素效能的提升，促使各国生产效率得到整体的提升，产生强大的经济效益。

4. 增加财政收入，提高国民生活水平

国际贸易发展是国家财政收入的重要来源，包括各国政府可以通过对过境货物征收的关税、对进出口货物征收的国内税、为过境货物提供各类服务来收取的服务收入等。目前，在部分国家，尤其是发展中国家，关税和涉外税一直是其主要的财政收入来源。同时，国际贸易还可以大幅提高国民生活和消费水平，通过进口可以获取到本国缺少的且价格更合适、质量更好、外观更新颖、特点更突出的产品，满足了国内各阶层消费者的选择，提升了人民幸福感。同时，随着国际贸易的发展，尤其是劳动密集型产品的出口增加，将会带动国内的就业市场，从而间接提高国民的收入水平。

5. 调节各国市场供需

在国际贸易中，调节供需，相互交换，这一直是一个非常重要的功能。各个国家的生产力不同，需求也不相同，又因为地域限制、生产力水平制约、科技落后等因素造成各个国家都有自己短缺的产品和过剩的产品。通过国际贸易，既能扩大各国短缺商品的供给，满足国内消费者的需要，又能解决国内市场中过剩的商品销售问题，在某种程度上解决了供需矛盾，促进了国家间的供需平衡。

6.加强各国间的经济联系，推动经济发展

当今世界，国际贸易往来十分频繁，那些具有高生产力的发达国家相互关联起来，又将许多生产力发展水平相对落后的发展中国家纳入全球经济体系中。挑战与机遇并存用来形容当前国际化市场激烈的竞争毫不为过，就历史发展的进程来看，这对发达和欠发达国家和地区都有着重要的推动作用和指导意义。

（四）国际贸易的分类

国际贸易按照不同的分类标准可以分成多种类型，如图1-2所示。

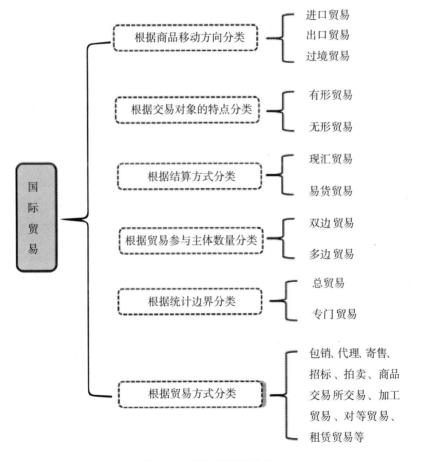

图1-2 国际贸易的分类

1. 根据商品移动方向分类

根据商品移动方向的不同，国际贸易可以分为进口贸易，出口贸易和过境贸易三种类型。

进口贸易是指购入在国外或其他地区生产的商品，可以简单地理解为"引进"。出口贸易是指向其他国家或地区出售本国生产的商品，可以简单地理解为"输出"。过境贸易则是两国贸易商品会途径第三方国家的领域，第三方国家海关会将其作为过境贸易处理，需缴纳一定的关税，一般通过航空运输跨越第三方国家领空的不算入过境贸易，过境贸易特指途径停留类商品，也就是说的陆运，与前两种国际贸易类型相比，过境贸易一定程度上会阻碍整个国际贸易的发展，被一些国家和地区竭力避免，即使提升运费预算，使用航空运输，也不愿使用过境贸易。

2. 根据交易对象的特点分类

根据交易对象的特点分类，国际贸易可以分为有形贸易和无形贸易。

有形贸易也称物品贸易。该类型贸易的标志是实物产品，包括原材料、机器、车辆、船只、飞机等，其物理特性是可触摸的、可见的、外在的。传统国际贸易特指这一类商品贸易，海关在进出口方面实行管制并征收关税。大部分情况下，发达国家非常热衷于有形贸易，因为有形贸易一般获取方式比较容易，高科技附加较小，通过此类贸易可以用低价进口到物美价廉的商品，后期不管是深加工还是自我消化都可以获取高额的收益。

无形贸易，就是所谓的服务贸易。具体指贸易的标志是提供服务，包括运输服务、技术服务、金融服务等，不具有可看见和可触摸的外在物理特性。各国海关没有对服务贸易有一个标准化的统计和识别方式，所以统计出来的服务贸易数量不准确。但是随着第三产业服务在各国经济中所占的比重越来越大，这种无形的贸易越来越受到世界的关注，重要性也在与日俱增。因此，世界贸易组织一经成立就将国际服务贸易列入其管理范畴。大多数情况下无形贸易更受发展中国家的垂青，因为发达的技术服务一般都掌握在发达国家手里，发展中国家只能通过引进效仿先进的技术来提升自己的综合国力。

3. 根据结算方式分类

根据结算方式分类，国际贸易可以分为现汇贸易与易货贸易。

现汇贸易是指使用可自由兑换的货币进行交易。目前，国际贸易中普遍使用的是这种结算方式。但是，如果某一方缺乏自由兑换的货币，且不得不进行交易的时候，易货贸易就应运而生了。

易货交易是指在买卖双方之间进行的货物或劳务等值或基本等值的直接交换，不涉及货款的收付，也没有第三方介入。易货贸易交易的前提是双方当事人将贸易商品的数量、种类、规格等多项指标列入清单，依据市场价格，实现双边对等，且最后得到双方认可的过程。政府间的易货贸易需要签订贸易协定和支付协定，故又称为协定贸易。补偿贸易则是民间的易货贸易。在实务中，也有将现汇贸易与易货贸易相结合的情形。

4. 根据贸易参与主体数量分类

根据贸易参与主体数量分类，国际贸易可以分为双边贸易和多边贸易。

双边贸易指的是两个国家在贸易上的合作，有时也会泛指这两个国家在贸易上经常往来，一般一些实行外汇管制的国家会采取双边贸易模式。多边贸易，也称多方贸易，是有三个及三个以上国家共同展开的一种贸易活动，贸易协议更加宽松化。在世界经济交流越来越频繁的前提下，多边贸易更符合时代潮流的发展，这对国际贸易生产降低成本，提升经济收入来源具有指导性意义。

5. 根据统计边界分类

根据统计边界分类，国际贸易可以分为总贸易和专门贸易。

在外贸统计中，总贸量是以国境为区分界限的，将某一时期输入国境货物和输出国境的货物总量视为总贸易进出口量，有一定的局限性。专门贸量是以关境为区分界限的，将某一时期输入关境货物和输出关境的货物总量视为专门贸易进出口量，同样存在一定的局限性。

现在各国的计算标准还没有达成统一，部门国家按总贸易的方式来核算外贸，部分国家用专门贸易的方式来核算外贸，我国则是按照总贸易量的方式来核算外贸的。

6. 根据贸易方式分类

根据贸易方式分类，国际贸易可以分为包销、代理、寄售、招标、拍卖、商品交易所交易、加工贸易、对等贸易、租赁贸易等。

包销是指某出口公司需要在国外销售自己的商品时，不需要为了销售专门注册一家当地的公司和店铺，只需要与国外选定的有资质的公司签署一项包销或独家经销的协议，在规定的期限内，授予其本公司一种或一类商品的经营权，这个国外公司的属性就是包销商。关于具体的买卖合约，则须另行订立，但须受到包销协议条款的约束。如果该国外公司仅具备一般的经营权而无排他性，则仅为一般经销商，出口公司还可以将经营权授予其他国外企业。

代理指出口公司与国外公司签订代理协议，由代理商在市场上进行业务拓展，或者从事其他委托的事务。委托商既在协议中享有一定的权利，又必须承担相应的职责，而代理商的职责就是按协议收取佣金。按代理权限的不同，可以划分为独家代理和一般代理两种。独家代理就是经销商享有本地区唯一的产品经营权，其他任何厂商不再享有该产品的经营权，即使是间接的经营权也是违法的，不受法律保护的。一般代理相对于独家代理的权限就小很多了，同一区域同一商品可以指定多家一般代理。

寄售就是出口公司与国外的代销商签订寄售协议，先将商品托付给代销商，根据规定的时间，代销商销售商品，获取销售费用后扣除合同规定的佣金，把钱寄回给寄售商。

招标是指单位有需求，且市场可供选择的方式很多，这样单位就会指定一些要求，不同要求设立不同评分标准，邀请多家有兴趣的企业前来投标。经过多轮投标后，由评标人对每家企业客观打分，确定满意的单位与之签订合作意向。这是国际贸易中应用较为普遍的一种贸易方式。

拍卖是指拍卖行接受货主委托，按照某套特定的程序，依次举牌报价，直到没有人再出价时，抢锤与最终报价者也是最高报价者达成协议。此类方式一般适用于新鲜商品、艺术品、古董等不易标准化且具有鲜明特色的商品。

商品交易所是一个有组织的市场，按照规定的程序进行特定商品的买卖。商品交易所的职员都是经过正规培训，合法就业上岗，只有正规职员才能进行交易，而其他参与公司或者参与人都是委派公司内部员工或者经纪人代理交易。商品交易所买卖的商品大都是根据国际标准合约进行交易的原料。在商品交易所，既有现货交易，也有期货交易。许多农产品、有色金属原料等的买卖都是通过商品交易所进行的。

加工贸易分为来料加工和进料加工两种模式。来料加工这种模式国内企业更多的是出售劳动力，原料和零件都由外商提供，国内企业只需要按照外商要求将来料组装到位，再交回到外商就算完工，只赚取中间的加工费。进料加工则完全由国内企业自主领导，不管是从国外采购来的原料或零部件，还是加工成品后售卖的方式和盈亏都由自己全权负责。

对等贸易是指贸易各方通过一定的协议来实现进出口的平衡。补偿贸易、易货贸易还有互购等都属于对等贸易的表现形式之一。补偿贸易的形式也多种多样，如设备出口商向进口商优先提供设备，进口商再把用设备生产出来的商品或半成品交付给设备出口商，来抵消设备的价格。易货贸易的交易双方交易价值相等，一般不会以现汇结算。互购一般采用现汇结算，双方的交易价值一般都不相等，也没有规定必须相等。

租赁贸易是指所有人与承租人签订租约合同，所有人为承租人提供设备或是厂房土地，规定以时间为期限，收取相应的租金，通常划分经营租赁和融资租赁。经营租赁期限较短，设备所有人一般需要多次出租以收回设备的投资及其他支出，所有人会以将设备分多次、分多位合作伙伴的方式出租，租期到期时会回收设备和维护资金。融资租赁的期限比较长，一般是租期到期后，除了支付合同签订的租金外，还需要将设备所有权转移给承租人，实际上是一种分期支付购买设备的方式。

二、国际贸易的其他相关概念

（一）国际贸易值和贸易量

在国际贸易中有两种衡量贸易规模的指标：一种是贸易值，就是通过货币来结算的一种体现形式；另一种是贸易量，可以通过数量、重量、面积、体积等计算贸易规模的形式。由于各种商品的计量单位不同，很难确定一个整体的贸易总量，因此，现在普遍将一年的价格固定不变，算出当年进口商品的价格指数，再让年度进口贸易总值除以年度进口商品价格指数，以此计算出固定价格下的贸易值，来替代贸易量，这种计算结果才具有参考依据。这样一来，就可以排除由物价因素引起的贸易值变动，例如当一个国家的进出口商品量在增加，但是进口和出口的价格却在下降，导致进出口商品贸易值反而下降，又或者，一个国家的进出口商品量的实际增长并不多，但是因为进出口商品的价格大幅上涨，这个国家的进出口贸易值却有了很大的增长。只有将这一影响因素排除在外，才能真正客观真实地了解到进出口商品贸易量是上升了还是下降了。

一国的国际贸易总值是指在一定时期内（通常是一年）该国进出口贸易值的总和，一般以本国货币或国际货币来计量。但是，世界贸易总值的计算不同于一个国度的贸易值计算，因为在全球化大环境下，一国的出口就是其他国家的进口，一国的进口就是其他国家的出口，单纯地将世界总进口值和总出口值相加就会出现重复计算，导致数据缺乏代表性。因此世界贸易总值是在一定时期（通常是一年）内全球出口商品的 FOB（离岸价、船上交货价）价格的总和。

（二）国际收支与贸易收支

国际收支是一个国家（或地区）与其他国家（或地区）在一定时期内（一般是一年）的所有经济交易的收入和支出的系统记录。如果收入超过了支出，则称为国际收支顺差；如果收入低于支出，则称为国际收支逆差；如果收支相等就是所谓的收支平衡。贸易收支在国际收支中占有举足轻重的地位。在某一期间，出口值和进口值的差额称为贸易差额，如果出口值超过了进口值，称为贸易顺差，如果出口值低于进口值，称为贸易逆差。在贸易呈现顺差时，其差额称为净出口，在贸易呈现逆差时，其差额称为净进口。

一国的贸易收支状况与其贸易条件有关。贸易条件也称为交换比价，是在一定时期内进出口商品的价格指数与进口商品价格指数之比。若该比率大于1，则表示该国家的贸易条件改善，每一单位的出口商品都能换取更多的进口商品。若该比率小于1，则表示该国家的贸易条件下降，每一单位的出口商品只能换取较少的进口商品。如果该贸易条件持续得不到好转，往往会导致贸易逆差扩大或贸易顺差减少。

（三）对外贸易依存度

对外贸易依存度是指一国进出口总值在其国内生产总值中的比重。用公式表示为：

$$Z = \frac{X + M}{\text{GDP}} \times 100\%$$

该公式中 Z 为对外贸易依存度，X 为出口总值，M 为进口总值，GDP 是国内生产总值。通过计算 Z 值越大，说明国际贸易程度在本国经济中所占的比重越大，即对外贸易依存度越高，反之对外贸易依存度越低。总体上讲，开放程度高的国家的对外贸易依赖程度要高于开放程度低的国家，国土面积小的国家对外贸易的依赖性要高于国土面积大的国家。但外贸依存度并不能准确地反映一个国家的经济与外界的关系。例如，进口值并不能代表某一段时间国内生产总值。而出口依存度这一指标即用一国出口值占同期国内生产总值的比重来表示该国经济对外部的依赖程度。实际上，并不是所有的出口总额都计算在国内生产总值中，只包括净出口。因此，从实际出发，每种依存度都有自身的局限性，不能完全客观地体现一国经济对外的依存度，不过就现在的理论来看，还没有更好的指标来替代现有的指标，所以外贸和进口依存度还是当前两个重要的数据，通过这两种数据的变化程度来分析本国经济对外部依赖程度的变化趋势是否合理。

（四）国际贸易商品结构和国际贸易地理方向

在国际贸易中，根据商品的加工程度，可以分为初级产品和工业制成品两大类。初级产品主要是指加工程度较浅的农、林、牧、渔、矿产品，而经过较深程度加工的产品称为制成品。在实际贸易中，各国对产品的加工程度有更加细致的划分，如产品加工的初级阶段，高级阶段和组装阶段。各类商品在各国进出口贸易或在世界贸易中所占的比例，称为外贸商品结构或国际贸易商品结构。国际分工和世界经济的发展水平是世界贸易商品结构的体现，通过分析一个国家对外贸易的组成结构，就可以看出这个国家的发展水平和在国际分工中所占的地位。

国际贸易地理方向这一概念通常在研究国际贸易时会用到。从全球角度看，每个国家在世界贸易中所占的比重清晰可见，贸易总值大的国家其经济水平在全球化中也是靠前的，影响力也不是贸易总值低的国家所能比拟的。如果从单个国家自身分析，就能看出本国哪里经济比较发达，进出口总值比重大，通过比较分析，由经济较发达地区带动经济落后地区的发展，丰富进出口产品种类，防止对某种产品或某个区域严重依赖，提高面对国际贸易风险的能力。

第三节 国际贸易发展的相关理论

从资本原始积累至现代国家积极参与国际贸易的各个历史时期，国际贸易的理论发展与实践经验的总结，一直是各国对外贸易决策的一个重要基础。国际贸易理论研究贸易产生的原因、贸易结构的变化、贸易利益成果分配。从 1776 年亚当·斯密发表《国富论》到现在，已悄然经过了 200 多个年头。追随世界经济的发展脚步，国际贸易理论先后经历了古典贸易理论、新古典贸易理论以及新贸易理论三个阶段[①]。

一、古典贸易理论阶段

国际贸易理论发展的第一个阶段就是古典贸易理论阶段。绝对优势理论和比较优势理论是古典贸易理论阶段最重要、最核心的内容。

（一）绝对优势理论

绝对优势理论作为西方传统国际贸易理论发展的开端，为国际贸易的发展起到了积极作用。绝对优势理论也被称作绝对成本论或绝对利益论。18 世纪中期，西方国家经过工业革命的洗礼，工场手工业得到了迅速的发展，生产效率翻倍式增长。此时，开拓海外市场成为工业资产阶级的目标之一，把国外更低的工业原材料进口到国内，努力打破传统重商主义理论的限制，尽可能少地让国家和政府参与到国际贸易中，将禁止黄金和白银出口的条令废除。在这种大背景下，经济自由主义思想在工业资产阶级中由"星星之火"变为"燎原之势"。这个时期自由主义思想的代表人就是亚当·斯密，他多次主张在国际贸

---

① 朱华全 . 国际贸易理论的发展及其阶段划分 [J]. 纳税 ,2019,13(13):225.

易中一定明确国际分工，尽可能减少国家政府的参与，提升贸易自由度，而且必须保证双方共同利益，这就是绝对优势理论的形成过程，也是一种新型的国际贸易理论。

绝对优势理论的逻辑起点源于劳动分工和交换。早在原始社会时期就出现了以物易物的形式，这也佐证了亚当·斯密的物品交换理论顺应了人类天性，社会分工就是由交换趋势发展产生的，社会分工也能提升劳动效率。绝对优势的定义就是一个国家在某一商品上的生产效率远高于其他国家，就被称为拥有这种产品的绝对优势。劳动生产率一般是衡量绝对优势的重要尺码，就是在相同的时间内，获取同样的产品谁投入更少劳动力，或是投入同样的劳动力谁获得更多劳动产品，谁就拥有这种产品的绝对优势。所以，绝对优势是由不同国家之间的劳动生产率差别产生的，如果所有的国家都把所有的生产要素都集中起来用于生产绝对优势产品，再在国际上进行交易，用一部分本国的产品来换取自己所需的物资，这样就可以使各个国家的资源得到最大程度的利用，从而使各国的经济利益最大化。亚当·斯密是自由贸易的支持者，他认为如果政府强行干预本国对外经济贸易，就会影响到整个国际化的分工，限制自由贸易化发展，导致本国行业生产率下降，在国际竞争中掉队，从而引发国民福利向下降，恶性循环。想要跳出此循环，必须认可、施行自由贸易，推动生产力的提升。如果一个国家为了保护某个产业而对某些国外的商品进行限制，那么这个行业在国际上的竞争能力和生产效率都会落后。虽然从理论上分析，这种措施是在保护本国内部的产业市场，但究其根本，长此以往下去，这种做法只会带来资源的不合理分配和浪费，让国家的资源利用从高效行业转移到低效行业。

绝对优势理论包含八项基本假设条件，如图1-3所示。

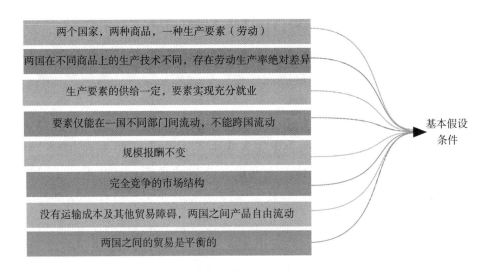

图 1-3　绝对优势理论的基本假设条件

　　国际贸易理论有了绝对优势理论的支撑，就如无源之水有了出处。不管是理论层面还是以后的实践都证明了国际分工的确可以高效、合理地分配资源，诠释了合理的分工可以有效地提升生产力。通过合理的分工可以让参与自由贸易的所有方都获益，这就打消了国与国之间贸易的隔阂。可以说，绝对优势理论是从经济学的基本原理出发，对贸易产生的原因、模式和收益进行分析的最早的理论，为今后的国际贸易理论的发展打下了坚实的基础。但该理论在一定程度上也存在着一定的局限性。绝对优势理论认为，要想在国际分工和国际贸易中持久获利，就必须在某些产品上有绝对的优势和话语权，所以，绝对优势并不能普及到国际贸易的各种情况中，它仅能代表某种独特的国际贸易环境。而且，由于理论本就来自纸面，需要多重假设才能论证理论，如果不能很好地结合实际，与现实存在一定偏差，就无法完全地展现当前贸易现状。

（二）比较优势理论

　　大卫·李嘉图作为英国古典经济学家提出了比较优势理论，也称比较成本论或比较利益论，该理论是根据产品成本的相对差别来实现国家分工和国际贸易的。1817 年，大卫·李嘉图发表的代表作《政治经济学及赋税原理》是对亚当·斯密绝对优势理论的继承和发展，在之后不断更新发展中，比较优势理论已逐渐取代绝对优势理论，成为国际贸易的主流理论。

英国工业革命在 19 世纪初的快速发展，使得英国成为"世界工厂"。1815 年，英国政府修订了《谷物法》，目的是保护传统贵族的利益，殊不知，此举导致土地租金和粮食价格的暴涨，虽然保证了贵族阶级的利益，但给工业资产阶级带来了极大的伤害。粮食价格的提升增加了工人日常开支，企业被迫涨薪，为保证企业利润，产品价格也上涨，工厂新产出的产品竞争力下降。在这样的背景下，大卫·李嘉图提出了一种以自由贸易为基础的比较优势理论成为工业资产阶级的理论武器，这一体系的提出稳固了自由贸易理论基础，推动了古典贸易理论体系的发展。

比较优势理论认为，各国应该把侧重点放到生产优势最大、生产劣势最小的方面，而不是一味地扩大商品种类，如此之后再相互进行国际贸易。这样，在不改变资本和劳动力的前提下，整体产量就会提高，从而使国际分工更加有利于各个贸易国家。假设资本和劳动力不能在国际上自由流通，根据比较优势理论进行国际分工并进行自由贸易，可以使劳动分配更加合理，从而提高产量，这对参与贸易的各个国家也是有益的。大卫·李嘉图以英国的毛呢与葡萄牙的葡萄酒为例，将两国的成本对比转换为本国产品的成本对比，从而为各国参与国际贸易、并能从中获益的自由贸易主张提供了理论依据。各国都有其他国家无法比拟的比较优势，如地理位置、自然资源、人口等方面，如果每个国家将比较优势用到极致来进行国际贸易，各个国家肯定能各取所需，互惠互利。

大卫·李嘉图的比较优势理论是国际贸易理论的重要组成部分。比较优势理论相对于绝对优势理论来说，能够从深层次全面深刻地体现出国际贸易产生的原因，从实证的视角论证了国际贸易的起源，不单单是绝对成本的不同，还包含不同的相对成本，成为国际贸易理论的基础，具有一定的历史进步性。然而，任何理论都存在各自认知的局限性，比较优势理论也不例外，一个国家在某种商品上的相对优势不是一成不变的，而是随着外界大环境如经济、科学技术的发展而时时改变的。事实证明，在许多情况下，比较优势是存在的，这不是天生就有的，而是可以自己挑选和培养的。同时，相对优势也不会一直保持，随时有可能被其他国家所取代。所以，当一个国家参与国际分工时，一定要将目光放长远，不仅要在乎眼前的静态优势，更要审时度势，确定未来的发展方向，培养自身的动态优势。

二、新古典贸易理论阶段

新古典贸易理论阶段是国际贸易理论发展的第二个阶段。该阶段的贸易理论的核心内容是要素禀赋理论，在要素禀赋理论的基础上又展开了丰富的研究。

（一）要素禀赋理论

1919 年，赫克歇尔在其《对外贸易与国民收入之影响》中阐述了要素禀赋说的基础论点，俄林于 1933 年在其老师赫克歇尔观点的基础上，发表《地区间贸易和国际贸易》，正式创立要素禀赋理论，并以此获得 1977 年的诺贝尔经济学奖。

要素禀赋理论，也称赫克歇尔—俄林理论（H-O 理论），该理论认为，现实情况下投入到生产要素的不仅仅是劳动力，还有很多其他生产要素帮衬，也就是说一个简单的生产过程最少包含两种及以上的生产要素投入。当某项生产技术达到一定高度时，各个国家生产出来的产品价格差异就主要表现在制作成本上，而决定成本差异因素主要是生产过程中用到的各个生产要素之间的价格差异，生产要素价格差异又体现在各个国家储存量和富足程度上。由于不同的产品所需的生产要素配比不同，一个国家生产产品时如果使用本国较为丰富的生产要素比例更高，那么其产品的生产成本就会更低，如果使用其他国家丰富的生产要素比例较高，其产品的生产成本就会更高。如此就促成了各国商品交换方面的价格差异，进一步引发国际贸易与分工。与之而来的就是作假设，当某个国家拥有足够丰富且价格便宜的资本时，它的劳动力成本却异常昂贵，这类国家容易变成资本密集型产品的制造和输出国，也是劳动密集型产品的输入国，反之，该国更容易变成劳动密集型的产品制造和输出国，资本密集型产品输入国。在进行了国际分工之后，双方都可以从中获益。

要素禀赋理论包含七项基本假设条件，如图1-4所示。

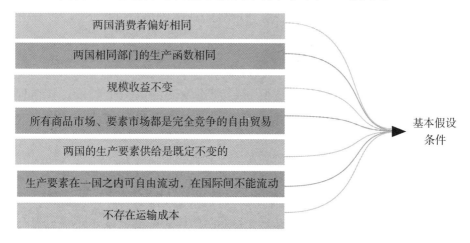

两国消费者偏好相同

两国相同部门的生产函数相同

规模收益不变

所有商品市场、要素市场都是完全竞争的自由贸易

两国的生产要素供给是既定不变的

生产要素在一国之内可自由流动，在国际间不能流动

不存在运输成本

基本假设条件

图1-4　要素禀赋理论的基本假设条件

（二）要素价格均等化理论

萨缪尔森在1948年发表的《国际贸易与要素价格均等化》中，基于H-O理论提出，自由贸易会带来要素价格的均等化；萨缪尔森于1949年在《再论国际要素价格均等化》一文中，从数理上证明了在一定的情况下，国际要素的均等化是大势所趋，无法避免的。

赫克歇尔—俄林—萨缪尔森定理（H-O-S定理）也就是要素价格均等化理论认为，如果某种产品的相对价格一直在上涨，就会引发该产品使用比例高的生产要素实际价格或回报水平上涨，这也会间接导致其他产品使用比例较高的生产要素价格下降。通过贸易，具有丰富生产要素的国家收入会进一步提高，而生产要素稀缺的国家收入会下降。

（三）里昂惕夫之谜

美国经济学家里昂惕夫在 1953 年运用投入产出法对美国 20 世纪 40 年代和 50 年代进出口贸易状况进行了研究分析，发现分析出的结论完全相悖于要素禀赋理论。美国在当时是全球资本最充裕的国家，如果按照要素禀赋理论的观点，理应引入劳动密集型产品，大量输出资本密集型产品，但实际情况却是美国出口劳动密集型产品，大量进口资本密集型产品，结论一出，国际贸易学术界一片哗然。这一结论被称为"里昂惕夫之谜"。

关于这一谜题具有多种解释，有代表性的是以下三种观点。

1. 生产要素密集度逆转解释

生产要素密集度逆转指的是同一产品在不同发达强度的国家产品性质不同，在资本发达国家是资本密集型产品，在劳动发达国家就是劳动密集型产品。商品与商品之间存在可替代性，如果可替代性很强，也就是在同一产品的生产中，生产要素相对价格波动，出现一种生产要素代替另一种生产要素的情况，而在可替代性很弱的商品中很难出现这种情况，这时就要谨防生产要素密集度的转换情况的发生。

2. 缺乏自然资源解释

里昂惕夫采用的双重要素模型，没有将自然资源等其他生产因素纳入其中。而实际上，商品不仅只有劳动密集型和资本密集型两种属性，同样还有自然资源密集型。有些情况和理论会将自然资源密集型产品归类为资本密集型产品或是劳动密集型产品，这是存在严重问题的。此外，现在生物化学、材料学非常发达，大量自然资源被用于产品的加工制造，而且所占比例越来越大，更多的物质资产也参与其中。在里昂惕夫的研究阶段，美国严重依赖于大量的自然资源进口。里昂惕夫随后在进一步验证美国的贸易结构时，将 19 种资源密集型产品剔除，从而得到了这一谜题的答案。

3. 关税结构解释

国际间想要实现商品的完全自由流通是不可能的，因为现实中，市场存在不完全竞争性质，且各国都有自身的贸易壁垒，这是因为美国的关税政策引发了"里昂惕夫之谜"。关税实际上就是对商品进口征收税款，以降低商品进口比例，促进国内替代产品的生产。根据某项调查显示，美国产品如果没有进口的限制，其资本与劳动比例将会比真实水平高五个百分点。克拉维斯于1954年研究发现，美国过于注重对劳动密集型产业的贸易保护程度，以至于影响了美国的贸易格局，并让劳动密集型进口替代品在美国所占的比例在一定程度上下降。这一解释对解开"里昂惕夫之谜"具有一定的帮助。

三、新贸易理论阶段

国际贸易理论发展到第三个阶段就是新贸易理论阶段。20世纪60年代后，世界经济以井喷式急速发展，带来了许多新的贸易实践活动，而在这些新的贸易实践活动中，发达国家收益颇多，贸易额度增长迅速，已渐渐成为世界贸易体系下的排头兵，这些新的贸易实践已不能被传统国际贸易理论完整地诠释。一种以进口和出口双向的产业贸易逐渐兴起，主要表现为不同材料生产的同种类型的产品层出不穷，还有贸易额不断增长的以科技为基础的知识密集型产业。随着这些现象的不断产生，学者们从中总结出了更多的国际贸易新理论，这些国际贸易新理论既与传统国际贸易理论相结合，又分析当下最流行的产业组织理论或新兴国际贸易市场结构，总结并整合成为新贸易理论体系，这些体系逐渐成熟并被学术界所认可。其中以克鲁格曼的规模经济理论、林德的需求偏好相似理论、波斯纳的技术差距理论、格鲁贝尔的产业内贸易理论以及弗农的产品生命周期理论为主要典型代表。

（一）规模经济理论

古典贸易理论和新古典贸易理论都是假定产品的规模报酬不变，而规模经济现象在许多行业中非常突出，如在制造业中，随着生产规模的扩大、生产时间的延长、机器设备闲置的减少及利用率的提高，劳动者的技术熟练程度也得到提高，从而导致单位产品的成本降低，即出现了规模报酬递增的情况。1979年保罗·克鲁格曼在其发表的论文中将规模报酬理论引入国际贸易分析中，从理论上对战后发达国家之间工业品的"双向贸易"做出了较有说服力的解释。即使两国在要素禀赋与消费偏好上完全相同，但是只要存在报酬递增的规模经济，经济发展水平大体相同的国家之间也会按照更细的专业化分工进行生产，在为更广泛的国际市场提供产品的同时，不再为本国需求生产多种产品，因而就需要通过贸易获取自己不生产的产品。

（二）需求偏好相似理论

瑞典经济学家林德于1961年出版了《贸易和转移支付》一书，针对发达国家之间的贸易提出了需求偏好相似理论。人均收入水平是影响一个国家需求结构的主要因素。人均收入水平越相似的国家，其消费偏好和需求结构越相近，产品的相互适应性就越强，贸易机会就越多，而人均收入水平的差异则是贸易的潜在障碍。两个发达国家之间的组成、需求、结构都比较类似，而发达国家和发展中国家之间在社会形态上就存在很大的差别，所有发达国家之间的相互贸易量一定比发达国家和发展中国家之间的贸易量大。

（三）技术差距理论

技术差距理论是由美国著名经济学家波斯纳总结提出的。这一理论论证了即使需求偏好和要素禀赋相似的国家与国家之间也可以发生贸易往来。同一种产业或商品，因为各个国家的技术发展程度不一样，所以就产生了贸易差额，技术更先进的国家就享有出口技术密集型产品的比较优势，而技术相对落后的国家需要进口才能满足内需，如中国高铁技术，同样是建造高铁，我国高铁具有节能环保、主动安全、智能维护等特点，并且时速已经突破了400 km/h，领先于世界先进水平。

（四）产业内贸易理论

美国经济学家格鲁贝尔等人在研究共同市场成员国之间贸易的增

长时，发现发达国家之间的大量贸易是产业内同类产品的贸易，因而对产业内贸易进行了研究，提出了产业内贸易理论，对发达国家间的产业内贸易的原因进行了解释。同一产业的产品可以分为同质产品和异质产品，同质产品在价格、品质、效用上基本相同，对于同质产品间的贸易，首先是季节性引起的，每个国家都处于不同纬度下，季节气候差异也不相同，就会导致不同时期这个国家对某类商品既有进口需求又有出口需求；其次是就近原则，都希望尽可能离供应点近一点，降低等待时长，这时就会产生进口和出口。同类产品的异质性是产业内贸易的重要基础，这种异质性主要表现在商标、牌号、款式、性能、质量、用途、包装、信贷条件、交货时间、售后服务和广告宣传等方面。这种异质性可以满足不同的消费心理、消费欲望和消费层次的需求，从而导致不同国家之间产业内贸易的发生。

（五）产品生命周期理论

美国经济学家雷蒙德·弗农于1966年发表的《产品周期中的国际投资与国际贸易》一文提出了产品生命周期理论，对产业内贸易做了解释。此书将新产品的技术发展历程分为三个阶段，大致是创新阶段、成熟阶段和标准化阶段，不同阶段的特点影响着不同时期国际贸易的格局。

第一阶段是创新阶段。新产品孕育的初期往往都发生在发达国家，因为发达国家具有更优秀的教育资源和雄厚的资本力量，这些可以为科技的发明提供良好宽松的环境条件、完善的立法体系，如知识产权保护体系和产权制度就是为鼓励创新而提供的法律保障，加持有技术有经验的企业家更能把握市场方向，利用自身优势，发明创造新产品；与此同时，创新阶段投入产出比是最低的，就是投入远远大于产出，发展中国家不具备与之对应的要素积累，即使新产品创新研发出来，市场也得不到友好的反馈，无法从根本上为新产品提供技术和经济支持。

第二阶段为成熟阶段。经历了创新阶段，产品已然得到市场的认可，产品在原有的基础上慢慢升级，技术也不断发展成熟，内需和出口量也不断增大，这些都是成熟阶段的鲜明特点。随着技术成型，商品完善，发达国家将这些产品作为重点出口对象，在满足自身国内市场的需求下，给予第三方国家销售许可证，大量出口此类商品到有需求的外围国家中，或是直接在这些国家中设立分厂，生产、销售、平衡此区域市场。

第三阶段是标准化阶段。产品经历了成熟期，产品属性和技术已经不断成型，这时便进入了标准化阶段，此时的技术已经普及，不仅发达国家可以大规模生产，发展中国家也可以做到产量更大，效率更高。这时产品已经从知识与技术密集型产品转变为资本与非熟练劳动要素密集型产品，商品也更多地由外围国家去生产，发达国家继续研发新类型的产品，即又回到了创新阶段。同时，生产过程由发达国家转移到外围国家，贸易方就变成外围国家向发达国家出口、发达国家进口的新格局下。

四、国际贸易理论发展总结

国际贸易理论经过两百多年的发展已经形成了较为完整的理论框架，关于国际贸易理论的发展进行以下总结。

首先，在最初古典贸易理论阶段，古典贸易理论是在多种假设条件下发展来的，如市场完全竞争，充分的就业情况和市场处于动态平衡的情况下，站在经济学的视角总结各国国际贸易起因，揭示国际贸易间的某些客观发展规律，这些对当时全球生产相对落后的时期的各国经济交流、促进本国资本积累具有指导性的意义。但是，理性分析一下，因为当时时代背景和分析国际贸易所站的角度不同，这一理论过分看重产品的流通，忽视了产品的生产。亚当·斯密与大卫·李嘉图都是资产阶级的代表，所以他们的理论也具有相应的阶级色彩，成为工业资产阶级的理论武器。

其次，在新古典贸易理论阶段，新古典贸易理论采用新古典经济学下的等产量线、无差异曲线和生产可能性边界等分析工具，着重于完全竞争条件下的均衡分析，基于包含两个不同的生产要素的两种产品在不同国家的比较优势，将各国生产要素禀赋的差异和生产商品时各要素的运用比重的不同作为国际贸易的依据。相对于古典贸易理论阶段的比较优势理论来说，新古典贸易理论阶段的要素禀赋理论在继承中得到了新的发展。要素禀赋理论假设不同的国家在生产产品中采用同样的生产技术，从而排除了古典国际贸易理论认为不同国家之间存在不同的劳动生产率的情况，强调各国之间的要素禀赋差异和对不同生产要素的利用程度不同，是导致国际贸易的根本原因。要素禀赋理论在承认比较成本是导致国际贸易产生的主要因素的基础上，还发现了比较成本差异存在的原因，在劳动力要素之外引入了资本要素，扩大了古典贸易理论的分析范围，不再单纯进行两个国家、两种产品的单位劳动力成本对比，而是比较两国的要素利用差异，对国际贸易的分工和结构进行阐述。

最后，进入新贸易理论阶段，为合理解释更多的贸易现象提供了理论基础依据。新贸易理论改变了传统贸易理论基于商品交换的角度分析国际贸易的思路，从生产的角度对贸易产生的原因、结构和结果进行分析。在众多理论中，国际贸易理论发展的一个新标志、新节点就是将原始的国际贸易理论假设条件进行了变更。不同的贸易理论分析的视角不同，而新贸易理论是站在需求的角度对国际贸易进行合理分析。不管是从需求偏好来看，还是从国家现实发展规律来看，每个国家对国际贸易都有不同程度的需求。代表性的需要是一个国家的平均收入水平的象征，代表性消费品在国家的消费市场中占有重要地位。在某些特定的环境中，国际贸易可以解决人民日益增长的消费需求与生产规模经济之间的矛盾。也就是说，本国可以多生产大众所需的代表性商品，对于不同阶层的不同需求，则通过从其他国家进口的方式来填补。这样，收入水平相似的国家大众需求也基本类似，根据市场发展原则，两国间贸易的交流就比较通畅，两国各取所需，来满足本国各个阶层的消费者。与之相反的就是两国间经济水平相差越大，两国间的贸易量就越小，这也是产业内贸易的一种表现形式。

在国际贸易产生到发展的两百多年中，历史见证了其层层蜕变的过程，从静态到动态，从基本没有经济规模到存在一定的经济规模，从完全竞争发展到不完全竞争，从企业同质理论发展为企业非同质理论，经历了从产业间贸易理论到产业内贸易理论再到产品内贸易理论的发展过程。在不同的背景下形成特定的国际贸易理论，顺应国际贸易发展的潮流，不违背客观实际[1]，同时各个理论的发展优势和劣势一直贯穿于国际贸易发展潮流中，在继承前理论的基础上进行发展，国际贸易理论将呈现两种新的发展趋势：一是将国际贸易理论与国际投资理论相结合；二是基于环境机制的新的国际贸易与分工理论[2]。

———————————
[1] 陶海花.探究国际贸易理论发展思路及新趋向[J].商场现代化,2018(07):67-68.
[2] 陈晓文.国际贸易理论发展思路及新趋向[J].国际商务（对外经济贸易大学学报),2010(6):34-38.

第二章　国际贸易实务基础

国际贸易实务基础包括多方面内容。纵览世界经济的发展过程，各个国家由国内市场转战国际市场，都是为了增加自身的绝对财富、掌握国际经济话语权，从而促进本国经济迅速发展。但是，国家与国家之间的互通有无往往是机遇与挑战并存的，既在多个方面助力提升国家的综合国力，也在个别领域冲击着本国原有的经济发展成果。本章主要介绍国际贸易的政策与措施、国际贸易的方式、国际贸易的货款结算以及国际贸易的运输与保险这四大版块内容。

第一节　国际贸易的政策与措施

随着贸易的产生和发展，贸易政策和措施也随之产生并丰富起来。世界各国都采用各种国际贸易政策来调整本国的对外贸易方针，通过各种手段来推动或限制外贸，而关税与非关税措施是两大主要的国际贸易措施。

一、国际贸易的政策

（一）对外贸易政策的内涵

一国的外贸活动通常都是在对外贸易政策的引导下进行。对外贸易政策是指一个国家或地区基于其自身具体的政治和经济条件所制订的有关对外贸易活动的管理法规、法令、条例以及原则。对外贸易政策的指导作用体现在指导国内的经济发展、国内的市场保护、国内产品的外销拓展、国内产业结构的优化和升级、对外政治和经济的交流等多个方面。

由于各国的经济和政治具体情况不同，所以外贸政策也不尽相同。但总体来说，各国的外贸政策构成基本一致，都包括以下三个方面。

1. 对外贸易总政策

对外贸易总政策分为进口和出口两个方面，在制定时受到各国国际地位、经济发展情况、战略目标、产品竞争力、国内资源、产业结构等多重因素的影响，是一项在较长时期内持续实施的对外贸易基本政策。

2. 对外贸易国别（或地区）政策

对外贸易国别政策是基于对外贸易总政策的细化制定而出，接受对外贸易总政策的指导，同时考虑到国与国之间的战略合作关系，以及各国本身在国际形势大背景下的国际贸易定位。

3. 对外贸易具体政策

对外贸易具体政策又称进出口商品政策，由于世界各国对不同行业的不同商品需求大相径庭，需要对自身产品的优势和竞争力有一个清晰的认知。之后，在对外贸易总政策的指引下，各国结合自身产品实际竞争能力，针对具体产业与商品的内外市场供需情况制订相应的具体对外贸易政策。

（二）对外贸易政策的类型

从贸易发展的历史来看，根据是否干涉贸易，可以将对外贸易政策分为自由贸易政策和保护贸易政策两大基本类型。

1. 自由贸易政策

自由贸易政策就是国家和政府不采取任何措施对国际贸易活动进行干预。根据市场调节机制，让"无形的手"发挥调节的作用，允许市场内的货物自由展开贸易和竞争，不对本国进出口商品和进出口企业进行调节和干预。

自由贸易政策着重降低人为因素对经济的影响，重视市场机制对经济的自发调节能力，从而促使各生产要素在全球范围内的流动更加合理，形成一种互惠互利的国际分工，提高参与国际贸易的各个国家，乃至整个世界的经济发展水平。然而，这些贸易设想都只能在完全理想状态下才可能实现，而现实的国际贸易市场并不存在完全理想的状态，多方面的社会需求总会导致各种各样的问题出现，引起贸易失衡。

例如，一些发达国家依靠先进技术和科技，进口相对低廉的原材料，出口高精尖加工品，从而在自由贸易的环境中处于优势地位，与之相应的必然会有一部分技术落后的发展中国家在国际贸易中处于劣势地位，甚至在贸易活动中利益受到损害。所以，自由贸易政策往往不适用于国际分工中处于劣势的国家。

2.保护贸易政策

保护贸易政策，显而易见，是国家或政府通过干预、调节对外贸易的基本原则，采用增收关税或非关税措施来控制国外产品的进口，避免国内产业被外来进口产品冲击，同时根据市场行情对本国出口的产品加以补助，使其获得价格优势，鼓励国内产品出口，维护国内产业的良好发展态势。

在某种程度上，保护贸易政策的执行是不可避免的。虽然自由贸易政策有利于世界整体经济水平的发展，但每个国家的利益目标都是以本国为核心的，并不会直接对全世界的经济利益负责。因此，各国在制定对外贸易政策时，大概率会优先考虑本国的利益，甚至少数受到自由贸易冲击的国家更会想方设法地推行有利于本国利益的保护贸易政策。保护贸易政策的合理之处还体现在世界各国的战略规划方面，各国在某个特定的发展阶段采取保护贸易政策是利大于弊的，可以迅速拉动内需，增加国内的就业机会、提升就业率，增强本国产品的综合竞争能力。不过，对保护贸易政策的正确性认识并不等同于支持保护贸易政策。世界经济发展历史已经表明：相比于保护贸易政策，自由贸易政策对全球经济的发展具有更大的推动作用，更加符合人类的长期利益。

（三）对外贸易政策的选择

采取自由贸易立场，还是保护贸易立场，直接关系到各国的对外贸易政策选择。从国家是否干预的角度来看，自由贸易就是一种不受任何政策干涉的国际贸易。但是，现实世界里却并不存在一国政府完全不干预国际贸易的情况。因此，贸易措施的选取一直是世界各国对外贸易政策制定的核心内容，贸易的保护成为了一个历史的惯例。

回顾历史，16~18世纪盛行的传统重商政策为贸易保护提供了历史依据。然而，无论是在思想层面，还是在政策层面，重商主义都经历过一次蜕变。商人们早期主张从海外直接获取大量贵重金属，尤其是黄金，后来演变成通过开展国际贸易推动金银交易。就这样，自由贸易的思想已在历史中悄然滋生。

基于全球大环境，自由贸易和保护贸易缺一不可，两者表面上对立，实际上相辅相成，内在统一。每个国家，不管是发达国家还是发展中国家，都会在不同时期运用不同的贸易政策，以此来适应当前本国的国情需要。因此，既不能只赞成自由贸易反对保护贸易，也不能对保护贸易大肆宣扬诋毁自由贸易。虽然从理论上讲，自由贸易要比保护贸易更利于国际贸易的发展，但是，由于不同国家的利益目标并不统一，导致贸易政策的选择存在区别。进一步来说，任何一种对外贸易都必须牵涉到两国的利益，在一种特定的对外贸易中，一国的收益常常会对应为另一国的损失。因此，各个国家国际贸易政策的选择本质上来说是各国之间的政策博弈。一国现行的贸易政策和干涉的程度是多方利益的一种制衡选择①。

二、关税措施

关税是一种最常见的贸易措施，也是各国政府实施贸易政策的重要手段。

（一）关税的内涵

关税是指进出口货物在通过一国关境时，由政府设立的海关对进出口商征收的税款。海关属于国家行政管理机构，关境是其管辖范围。海关的职责是按有关政策、法令和规章，对进出口商品、货币、金银、邮件、行李等监督管理并征收税款，同时还包括打击走私活动、查禁

---

① 许晓军，袁辉，宁凯.比较优势边界与国际贸易政策研究[J].沈阳工业大学学报（社会科学版），2014,7(4):331−336.

走私物品、临时保管通关货物、对进出口商品进行统计等。

关税的征收不仅是海关的必要工作之一，也是国家调节国际贸易的重要手段。简言之，征收关税具有双重意义，一方面可以提高国家财政收入；另一方面能够维护本国市场和产业的健康发展，避免其受到外来产品的冲击。

财政关税是基于提高本国财政收入的目的而征收的关税，其税率取决于国家的财政需求。财政关税对国际贸易产生影响，如果税率过高，就会限制国外商品进口，也会间接影响到国内的产品出口，进出口受到限制，关税也会随之减少，从而无法从根本上提高税收。

保护关税是很多国家为了保护本国的产品和国内市场而采取的手段，使用高额的关税来控制进口。较高的保护关税税率可以更好地实现贸易保护。在当今世界，保护关税是一项重要的贸易保护措施。

（二）关税的分类

关税可以根据商品流向进行分类，分为进口税、出口税和过境税，也可以按征收方法分类，分为从价税、从量税、复合税、选择税以及滑准税，具体如表2-1所示。

表2-1　关税的分类

分类标准	关税种类	关税含义	作用
商品流向	进口税	进口国的海关按照海关税法在商品进口时向其进口商征收的关税，可以分为普通关税和最惠国税	进口税目前应用最为普遍，可以有效地控制商品进口，保护国内的商品和市场
	出口税	出口国的海关在商品出口时向其出口商征收的关税	出口税的作用包括提高财政收入、限制出口、保证国内的市场需求、预防不可再生资源枯竭等
	过境税	一国对通过其关境的外国货物所征收的关税	目前很少应用，只对过境商品征收很少的准许费、印花税、签证费和统计费用

续表

分类标准	关税种类	关税含义	作用
征收方法	从价税	以进出口商品的价格为标准，计征一定比率的关税。从价税额＝商品价值×从价税率	可以实现合理税负，能根据市场价格和通胀的变动而调整，适用广泛、税率清晰。但存在计算模糊、流程繁琐等问题，难以预防国际市场价格变动带来的负面影响
	从量税	以商品的重量、数量、容量、长度和面积等计量单位为标准计征的关税。从量税额＝商品数量×从量税率	便于关税计算、简化报关流程，减轻国际市场价格波动对国内的冲击。但存在一定不协调之处，适用性有限
	复合税	对某种商品同时采用从量税和从价税两种方式计征的关税	兼顾提高财政收入和保护国内市场。但其结构较为复杂，确定复合税中从价和从量部分的比例十分繁琐
	选择税	对同一种商品同时订有从价税率和从量税率，在征收时依据具体情况从中进行选择	选择税十分灵活，可以根据不同时期的实际经济条件、政府征税目的以及国别政策进行选择，防止低价倾销进口以及低报价格偷逃税款的行为。但其征税标准经常变化，很难预知
	滑准税	在关税税则中，对同一商品根据其价格水平的高低，划分为几个档次，并分别制定不同的税率	维持进口商品价格的预定水平，保障国内价格免受国际市场价格波动的影响，保护国内的生产

三、非关税措施

（一）非关税措施的特点

非关税措施又称为非关税壁垒，指除关税措施之外的所有对外国商品进口进行限制的措施。在目前全球贸易联系越发紧密的情况下，关税税率已经很难再单独作为国际贸易调节手段，非关税措施正逐渐兴起并被各个国家广泛应用。

非关税措施与关税措施相比具有以下几个特点，如图 2-1 所示。

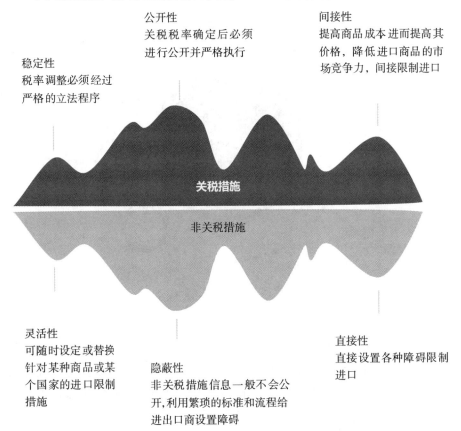

公开性
关税税率确定后必须
进行公开并严格执行

间接性
提高商品成本进而提高其
价格，降低进口商品的市
场竞争力，间接限制进口

稳定性
税率调整必须经过
严格的立法程序

关税措施

非关税措施

灵活性
可随时设定或替换
针对某种商品或某
个国家的进口限制
措施

隐蔽性
非关税措施信息一般不会公
开，利用繁琐的标准和流程给
进出口商设置障碍

直接性
直接设置各种障碍限制
进口

图 2-1　非关税措施与关税措施的对比

（二）非关税措施的具体内容

非关税措施包括八项内容，如图 2-2 所示。

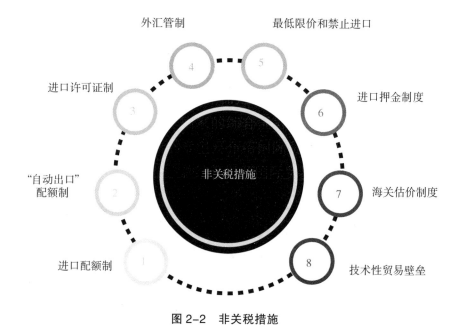

图 2-2　非关税措施

1. 进口配额制

进口配额制，也称为进口限额制，一般会在固定一年或者半年的期限里，对进口货物的总量和进口总金额进行结算，对于超出规定标准的部分，会提高其关税税率，以此来限制进口，甚至直接禁止部分非必要品在此期间的进口。

进口配额制包括两个方面：绝对配额和关税配额。绝对配额是在特定时间内，对进口某种货物的数量或金额设定上限，一旦超过此配额就禁止该类货物进口。关税配额允许进口货物的数量超出标准配额，但在配额之内的进口货物可以享受较低的税率或减免税率等福利，而超出配额的进口货物会被加征更高的关税。

2. "自动"出口配额制

"自动"出口配额制指在进口国的要求下，出口国"自动"规定在特定时间段（通常为 3 年）内，对本国特定产品的出口配额，并根据配额对产品的出口进行管制，如果超出配额就会"自动"停止出口。"自动"配额制度暗含一定的强制性，相悖于自由贸易，但是碍于本国利益和外部市场的双重压力，有时也是不得不采取的一种可调节机制。

3. 进口许可证制

进口许可证制指当一个国家想在另一国家售卖本国的产品时，必须获取另一国家的许可，并受其监督，对此颁发的一种许可证件制度。例如，根据我国海关总署、商务部联合公告（2021）49号文件，2022年列入我国进口许可证管理的商品为消耗臭氧层和重点旧机电产品。如果国外的消耗臭氧层和重点旧机电产品想要在我国进行销售，必须获得我国办理的许可证才能进口。

4. 外汇管制

外汇控制是指一国政府按照法令对外汇结算进行限制，以保持本国汇率的稳定并平衡国际收支。如果一国货币持续升值，则利于进口不利于出口，反之，如果一国货币汇率不断走低，就会利于出口不利于进口。国际贸易必然需要用外汇作为结算手段，外汇管制自然也就成为了国际贸易的一种重要调节手段。近年，随着人民币汇率市场化形成机制不断完善，人民币汇率在合理均衡水平上双向波动已成为常态。有效管理外汇风险是各类市场主体稳健经营的内在要求，也是国内外市场的普遍实践。

5. 最低限价和禁止进口

最低限价是指一国政府对进口货物的最低价格进行设定，当进口货物的价格低于其所规定的最低价时，应征收进口附加税或直接禁止进口。假设本国某金属材料定价每吨最低3500元，如果外部市场提供给我国每吨3000元，则必须多缴纳500元的附加税，这样才能消除倾销，维护本国该金属材料市场的长期稳定。

6. 进口押金制度

进口押金制也称为进口存款制，指进口商在进口货物时，必须在规定的时间内，在指定的银行按照进口金额的一定比例无息存储一笔资金。这一制度会加重进口商的负担，提高进口的费用，使进口商的资金流动受到阻碍，从而达到限制进口的目的。为了加速全球化进程，提升国际贸易量，这一制度于20世纪末被终止。

7. 海关估价制度

海关估价制是指由进口国海关确定进口商品完税价格的制度，能够保证客观、合理地确定应税商品的完税价格。海关估价是海关税收征管的重要组成部分，直接关系到海关税收收入。国际上存在部分国家海关为限制进口特意提高进口商品海关估价，增加进口商品关税负担的情况。

我国加入世界贸易组织（WTO）前，海关以"正常价格"作为估价准则，该准则源自 1950 年的《海关商品估价公约》，体现了保障海关税收为主的理念。1994 年，关税与贸易总协定（GATT）签定《关于实施 <1994 年关税与贸易总协定 > 第七条的协定》（1995 年 WTO 取代 GATT，亦被称为《WTO 估价协定》，以下简称《协定》），以"成交价格"作为估价准则，强调尊重贸易实际、促进贸易自由化。我国加入世贸组织后，大力推进海关估价战略转型，实现与《协定》全面平稳接轨。

8. 技术性贸易壁垒

技术性贸易壁垒是技术性的贸易限制措施，具体指一国政府以保护国内生产、消费者安全、人民健康等为由，针对进口商品制订严格的技术标准、卫生检验与检疫和商品包装和标签的规定，最终实现限制商品进口的目的。通常情况下，每个国家都有自己单独的技术标准，拥有合理的标准是必须的，但是高精尖类型国家标准更加严格，且以此作为贸易屏障具有很强的隐蔽性，越来越多的国家以此作为保护国际贸易的重要方式。

四、其他措施

除了最基本的关税措施和非关税措施外，国际贸易措施还包括其他措施，如出口鼓励措施、出口管制措施以及贸易救济措施。

（一）出口鼓励措施

出口鼓励政策是指出口国在经济、政治、组织等方面采取一定的措施，以提高其国内出口的商品在世界范围内的竞争力。出口鼓励措施是一个国家外贸政策中具有重要地位的一部分，包括出口信贷、出口信贷国家担保制、出口补贴、外汇倾销、设立经济特区以及其他促进出口的组织措施。

出口信贷是指一国银行向国内的出口商或国外的进口商发放的贷款，以促进本国产品的出口，提高产品的市场竞争力。出口信贷分为买方信贷和卖方信贷两大类。买方信贷是出口国的银行对外提供的贷款，具体对象为国外进口商和进口国银行，发放的贷款要求必须用于购买本国的产品，从而对商品出口产生一定的推动作用，称为约束性贷款。买方信贷大多用于购买大型或成套的设备。卖方信贷是出口国银行对内提供的贷款，具体对象是国内的出口厂商，保证国内出口企业的资金周转，同时也向外国进口商提供延期付款的服务，鼓励本国商品的出口。卖方信贷也多用于大型机器设备与成套设备交易，出口商可以通过延期收款来放宽购买限制，促进产品出口。此外，我国一些银行为出口企业提供出口信贷再融资服务。出口信贷再融资是在中国出口信用保险公司进行政策性担保下，由银行向出口企业或对外工程承包企业提供的一种应收账款权益转让业务，期限一般为一年以上。

出口信贷国家担保制是一国政府设立专门机构，对本国出口商和商业银行向国外进口商或银行提供的延期付款商业信用或银行信贷进行担保，当国外债务人不能按期付款时，则由该专门机构按承保金额给予补偿。这是国家用承担出口风险的方法，鼓励扩大商品出口和争夺海外市场的一种措施。出口信贷国家担保制的主要形式包括对出口厂商的担保和对银行的直接担保，对出口厂商的担保指出口厂商输出商品时提供的短期信贷或中、长期信贷可向国家担保机构申请担保。担保机构并没有向出口厂商提供出口信贷，但可以为出口厂商取得出口信贷提供有利条件。对银行的直接担保则十分普遍，只要出口国银行提供了出口信贷，都可以向国家担保机构申请担保。这种担保是担保机构直接对供款银行承担的一种责任。出口信贷国家担保的承保范围主要包括政治风险和经济风险这两类。

出口补贴是政府或同业公会对某种出口商品给予出口商或生产者现金补贴或财政优惠，以降低商品成本和价格，加强其在国际市场上的竞争力。出口补贴有直接补贴和间接补贴两种。直接补贴是指出口某种商品时，直接支付给出口厂商的现金补贴。间接贴补即政府对某些商品的出口给予财政上的优惠。

外汇倾销是指一些国家的政府为了鼓励本国产品对外多出口而故意让本国的货币对外贬值，降低用外国货币表示的本国商品的价格，以达到扩大本国商品出口的目的。与此同时，当一国货币贬值时，进口货物在本国市场上的价格势必会上升，进而对进口造成一定的制约。这体现了外汇倾销的双重效应。

设立经济特区是指一些国家或地区在其国境以内、关境以外划出的一定范围的区域，并在交通运输、通信联络、仓储与生产方面提供良好的基础设施并实行免除关税等优惠待遇，用以吸引外国企业从事贸易与出口加工工业活动。经济特区包括自由港或自由贸易区、保税区、出口加工区、自由边境区以及自由过境区。经济特区的设立，有利于吸引外资，引进先进的生产和科技，促进国家的税收和外汇收入，从而繁荣本国的经济。截至 2021 年，我国已经设立共计 7 个经济特区，分别是深圳经济特区、珠海经济特区、汕头经济特区、厦门经济特区、海南经济特区、喀什经济特区、霍尔果斯经济特区。

促进出口的组织措施主要包含三种：一是由国家建立商业情报网，加强国外市场情报工作，为出口厂商提供信息；二是国家设立专门组织，研究与制定出口战略，扩大出口；三是组织贸易中心和贸易展览会，组织贸易代表团和接待来访，以推动和发展对外贸易，组织出口厂商的评奖活动，对出口商给予精神奖励等。例如，中国国际进口博览会从 2018 年首届举办至今，搭建了合作共赢的国际贸易平台。通过进博会，更多的国际品牌云集我国，我国成为全球新品的试验田，各类新片首发、首秀、首产层出不穷，促进了我国消费升级、产业升级、开放升级、贸易升级、影响力升级，切中了时代的脉搏，推进了世界经济的发展。

（二）出口管制措施

出口管制是各国为了自身的政治经济利益，对特定的商品尤其是战略产品和技术的出口实施限制或禁止的一种措施。

出口管制商品一般包括五种，如图 2-3 所示。

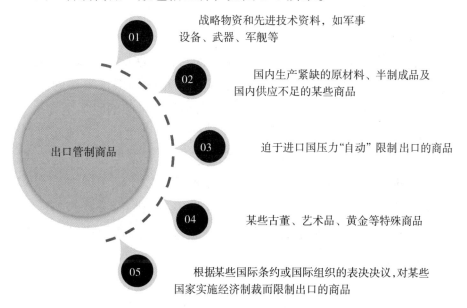

01　战略物资和先进技术资料，如军事设备、武器、军舰等

02　国内生产紧缺的原材料、半制成品及国内供应不足的某些商品

03　迫于进口国压力"自动"限制出口的商品

04　某些古董、艺术品、黄金等特殊商品

05　根据某些国际条约或国际组织的表决决议，对某些国家实施经济制裁而限制出口的商品

出口管制商品

图 2-3　出口管制商品

出口管制常见的方式有两种：一种是单方面出口限制，国家出台相关政策法案，限制某些商品或者某些高精尖技术出口，不对外颁发出口许可证，完全限制其出口；另一种是多边出口管制，就是由单一国家变成多个国家联合限制出口，共同商讨出口控制清单和出口国家，详细定制管理办法和出口策略，一般这种情况常见于少数发达国家，发展中国家发生较少。我国十分重视出口管制领域的多边机制，对全球性问题、突发性事件保持沟通与磋商，以维护世界和平和地区安全

（三）贸易救济措施

所谓贸易救济，也称对外贸易救济，指在国内产业遭受或即将遭

受国际贸易损害时，相关机构所采取的补救或预防措施。反补贴、反倾销和保障措施是世贸组织规定的三大贸易救济措施，属于合规性贸易壁垒。

1.反倾销

反倾销是相对于倾销而言的，倾销是指用比同等产品的正常价值更低的价格在国外市场出口销售的行为，反倾销指对外国商品在国内市场上的倾销所采取的抵制措施。

反倾销的救济措施包含征收反倾销税、临时性措施以及价格承诺。通常情况下，被倾销国对国外倾销商品会在征收一般进口税的基础上额外增收附加税，以防止其低价销售，这种额外增收的附加税就是"反倾销税"。但是，反倾销税的征收不能发生在终裁之前，只能在终裁确定存在倾销与国内产业受到损害的因果关系真实发生后，才能由进口方进行征收。临时性措施是指进口方在正式征收反倾销税之前，为防止倾销继续发生或继续对国内产业造成损害或威胁而采取的一种短期补救措施。价格承诺是指有关出口商自愿承诺提高倾销产品的价格或终止以倾销价格出口的措施。

2.反补贴

反补贴是相对于补贴而言的，补贴通常是指由国家或其他的公共组织为特定企业提供的财政捐助，以对其收入和产品的价格进行支持。得到相关补助的产品通常会在价格上具有显著的优势，因此各国为了激励出口和限制进口采取补贴措施。反补贴就是一国针对上述补贴行为进行的必要限制措施，以保护本国经济健康发展，维护公平竞争的秩序，实现国际贸易的自由发展。

反补贴救济措施包括临时措施、补救承诺以及征收反补贴税。如果反补贴调查当局初步认定存在补贴，且已经对进口成员方相关产业造成了严重损害或严重威胁，为防止补贴的损害继续扩大，进口方可针对外国补贴商品征收临时反补贴税。如果在反补贴调查期间，出口成员方政府承诺取消被诉补贴，或出口商承诺修正其出口价格，并且有关承诺已为调查当局所接受，就视为达成了补救承诺。如果反补贴调查当局最终裁定存在补贴和产业损害，那么进口成员方当局便可决定对受补贴进口商品征收反补贴税。

3.保障措施

保障措施也称保障条款，具体是指某类进口商品激增导致国内原此类商品或替代品遭到非法竞争，此类商品市场遭到恶意破坏，进口国以非歧视原则禁止进口该类产品，以此来恢复国内市场。

第二节　国际贸易的方式

国际贸易的方式有很多种，包销、代理、招投标、寄售、拍卖、加工贸易、对等贸易是最为常见的几种国际贸易方式。

一、包销与代理

（一）包销

从应用性来说，包销是国际贸易中应用最为普遍的一种方式。包销是在进口方国家与出口方国家共同允许下建立起的包销协议的基础上，出口方企业授予进口方企业自己名下的产品经营权，允许其在包销协议规定的范围内进行产品的销售。国际市场下的包销类似于国内市场公司和商贩之间的买卖关系，如果货物出现滞销或者效益不好情况，都应由包销商自己负责，因为经营权都在包销商自己手里。

包销协议需要确定以下九项基本内容。

（1）包销协议的名称、签约日期与地点。

（2）包销协议的前文，该部分一般会写明包销商和出口商之间的关系。

（3）包销商品的范围，需要明确包销的具体商品型号和商品类型，这是由于出口商通常经营众多商品，需要明确不同产品的经营权。

（4）包销地区，划清包销商销售的地理范围。需要针对包销商的企业规模、经营能力、销售网络、商品情况、市场情况、地区位置差异等综合考虑包销地区的选定，划出清晰的包销地理范围，最好明确包销的国家或国家中的一个或几个城市。

（5）包销期限，通常期限为一年，也有不规定期限的情况，可以另行约定中止条款或续约条款。

（6）专营权，这是包销协议的一项重要内容，主要是出口商授予包销商的独家专卖权以及包销商向出口商而非其他第三者购买商品的独家专买权。

（7）包销数量或金额，该项内容对出口商和包销商具有同等约束力，包销商必须购买规定数量或金额的商品，出口商也必须相应地出售规定数量和金额的商品。

（8）作价办法，包括一次作价和分批作价，目前来说，由于国际市场价格波动较大，分批作价应用较为常见。

（9）广告、宣传、市场报道和商标保护，虽然包销商承担包销区域的销售任务，但是出口商也会对其产品的市场销售情况十分关注，因此部分包销协议会约定宣传和保护内容。

（二）代理

国际贸易中的代理一般是销售代理，基于代理协议，出口商委托代理人协助进行商品营销。在代理方式下，代理人在被授权范围内进行活动，根据成交额收取相应比例的佣金，销售的风险和成本由出口商承担。

根据授权范围的由大到小，国际贸易代理可以分为总代理、独家代理和一般代理三种形式，如图2-4所示。

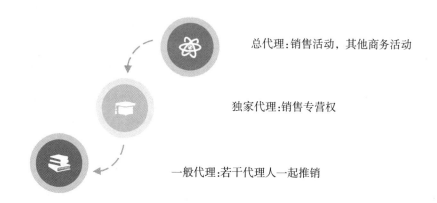

总代理:销售活动，其他商务活动

独家代理:销售专营权

一般代理:若干代理人一起推销

图 2-4 国际贸易代理形式

1. 总代理

总代理就是针对某个地区此代理商拥有最高权限代理权，远远超过一般的销售代理，总代理还包括代理一些区域的销售、商务活动。

2. 独家代理

独家代理指在代理协议规定的时间、地区内，对指定商品享有专营权的代理人，委托人不得在其代理范围内自行或通过其他代理人进行销售。

3. 一般代理

一般代理与总代理、独家代理相比，所获得的权限最小，功能最单一，而且同一个经销商可以在同一区域指定多个一般代理，多个一般代理又处于竞争模式，竞争压力大。

二、招投标

（一）招投标的基本内容

招标和投标是一种贸易方式的两个方面。这种贸易方式适用性较强，既适用于采购物资设备，也适用于发包工程项目。国内招标投标要按照《中华人民共和国招标投标法》《中华人民共和国政府采购法》的规定实施，而国际贸易招标投标与此不同，其遵循《世贸采购条例》及《国际标业法则》进行。

国际贸易招标包括竞争性招标、谈判招标和两段招标。在这三种方式中，竞争性招标最为常见，在该模式下，一般招标人会邀请多个投标人参与投标，从中选取最有利的投标人达成交易。竞争性招标还可以根据发布情况细分为公开招标和选择性招标两种。公开招标通过广告发布，选择性招标则由招标人根据实际需求自行邀请企业进行投标。

谈判招标又被称为非竞争性招标或议标，谈判招标是指招标人选择少数几家客户直接就拟销商品的交易条件进行谈判，与哪一家客户谈判成功，招标方就与哪一家客户签订购买合同的方式。

所谓的"两段招标"，其实质就是具有综合性的招标过程。其构成主要包括两部分。首先，强调招标的公开性，让更多有意向、有兴趣的团体或个人参与到项目投标过程中来。其次，待招标人客观进行投标团体或个人进行初评之后，筛选出较为理想的投标对象进入到第二轮招标，该轮招标以选择性招标的方式来进行。在上述两个部分中，第一轮招标主要体现在技术方案的初步筛选，其间招投标双方可就技术方案进行沟通与交流，将其方案作出修改，第二轮招标中投标团体或个人显然出自第一轮投标，其目的就是有效避免技术的倾向性和排斥性。

（二）招投标的一般程序

在国际贸易活动中，招投标全过程主要由九个步骤组成，其先后顺序即如下列所示。

1. 刊发招标通告

该操作之所以放在国际贸易招标一般流程的首要位置，其最根本的原因就是要得到更多有意向、有兴趣的团体或个人的高度关注。因此，招标通告主要刊发在极具权威性、学术性、影响力的刊物上，如对外发行的《人民日报》等。

2. 资格预审

招标人会事先准备"资格预审表"供投标人填写，以便了解投标人经营规模的大小、人员情况、基础设施情况以及过往施工记录等，投标人还需为此提供相应的证明文件和材料，招标人根据这些内容来审查投标人是否有资格参与投标。资格预审是招标工作的关键步骤，能够为后续工作的顺利开展提供保证。

3. 编制招标文件

招标工作正式开始后，招标人就会组织相关人员进行招标文件的编制工作，在招标文件中会对所要采购的商品或发包的工程需要的各方面条件进行详细地说明，包括技术条件、贸易条件等。

4. 投标的准备工作

投标人在拿到标书之后，应该根据招标的具体条件对商品或工程提出的质量要求、技术标准、交付期限、工程作业量以及进度安排进行详细地核算，结合自身的企业实力和市场竞争情况，预估出自身是否能够完全符合招标要求以及能够出具一个具有竞争力的报价。

5. 编制投标书和落实担保

投标书是一项不可撤销的发盘，由投标人向招标人发起，内容包含对招标条件的确认、商品或各个项目的有关指标和工程进度、技术说明和图纸、投标人应承担的责任以及总价和单价分析表。招标人一般会要求投标人事先提交投标保证金，或利用银行保函、备用信用证等作保，以防投标人中标之后拒绝履行签约。

6. 递送投标文件

这一环节需要递送的投标文件包括投标书、投标保函或备用信用证、投标书中的单项说明附加一些必要的相关文件。投标人需要将这些文件进行密封，然后在招标人规定的时间内送到指定的地点，可以专门找人代办，也可以采用挂号邮寄的方式。

7. 开标

招标人会事先对开标的具体时间和确切地点进行公布，然后开启密封完好的投标文件，宣读文件内容，并允许在场参与的投标人员进行录音等工作记录。一旦开标，投标人不得再次更改投标内容，对外公开标书内容是一种保证招标工作公正性的形式，但并不会当场确定中标人选。

8. 评标和决标

除了报价以外，技术质量、工程进度或交货时间以及所能得到的各种服务都会对招标结果产生一定的影响。招标人应深入审核、比较投标方案，然后从中选取最符合项目需求的中标方。首先，审查投标文件是否符合招标文件的要求，文件中的计算过程和结果是否正确，方案技术是否具有可行性。其次，对投标人的交易条件进行对比，逐个进行评分、集体评议、投票表决等，最终确定中标人选。第一批中标人选可以是一名或多名候补人员。最后，对中标候选人进行二次资格审查。通过评审后，确定本次投标的最终中标人选。如果未能通过资格复查，就从其他候选者中依次进行替补审查。如发生以下情形，招标人可以宣告招标无效，并重新安排第二轮招标。参加投标人太少，缺乏竞争性；所有投标书都与招标要求不符；投标价格均明显超过国际市场的平均价格。

9. 中标签约

当最终的中标人选确定之后，招标人会通过书面形式正式通知中标人，并告知其在规定的期限内到招标人所在地区签订合同。

（三）招投标电子化

随着数字科技的进步，越来越多的企业为完善采购组织和采购流程而采用线上招标的方式进行采购，因此电子招投标在国际贸易的发展建设中产生了重要的作用。

电子招投标是以网络技术为基础，把传统招标、投标、评标等业务过程全部实现数字化、网络化、高度集成化的招投标方式，是一种真正意义上的全流程、全方位、无纸化的采购方式。使用电子招投标的方式进行采购，可以选择公开招标或者选择性招标。这种公开、公平的方式不仅能减少暗箱操作的情况，而且最后确定的价格更具公信力。具体而言，在招标规划环节可根据实际业务需要，设置最优的招投标流程规则；在预选供应商环节可设置资格审核甄选供应商，从源头上保证供应商质量；在公布环节招标书可同时公布给多个供应商，明显改善费时费力易出错的问题；在评审环节可利用价格、质量等各种评审准则指标对供应商进行评审，降低交易风险；在最终选标环节可通过在线汇总比对供应商信息选择更具成本优势及履约实力较强的供应商。

举例来说，2020年，上海石油天然气交易中心宣布其国际液化天然气（LNG）电子交易系统推出招投标功能，以进一步满足境内外LNG市场参与者购销需求。中国石化、中国海油等企业率先通过该系统开展国际LNG船货采购招标。此次推出的国际LNG船货招投标交易旨在为国际LNG交易会员提供采购或销售招投标交易服务。在上海交易中心注册的国际LNG交易会员可通过国际LNG电子交易系统，发布LNG现货、中长期采购及销售招标信息，并邀请交易对手方参与招投标。该业务适用于单船、多船的采购和销售需求。国际LNG线上交易业务是上海交易中心国际化战略的重要布局，旨在为境内外LNG市场参与者搭建公开、透明、安全、高效的交易、交流及合作平台，也将推动数字经济时代的国际天然气贸易新规则、新模式和新动能的形成。

三、寄售与拍卖

（一）寄售

寄售是指基于寄售协议，出口商提前将商品运至国外，委托代销商销售，所得货款由代售人扣除佣金和其他费用，通过银行汇交给寄售人。寄售人与代售人之间不存在买卖关系，仅是一种行纪关系。代售人只能根据寄售人的指示处置货物，货物的所有权在寄售地售出之前仍属寄售人。

寄售与包销、代理相比具有以下特点，如表2-2所示。

表 2-2 国际贸易寄售、包销、代理方式对比

贸易方式	双方主体	双方关系	特点
寄售	寄售商与代销商	行纪	代销商以自己的名义推销商品，收取佣金作为报酬，自行承担后果
包销	供货商与包销商	买卖	包销商自主经营、享有商品的所有权和处置权，承担相应的销售成本与风险
代理	委托人与代理人	委托	代理人以委托人的名义销售商品，收取佣金作为报酬，由委托人承担销售风险与成本

采用寄售作为贸易方式来开拓新的国际市场，对出口商来讲存在一定的合理性，特别是对类似家具、花卉、水产、新开发的日用品等商品。但是该方式并不能长期使用，一旦市场打开，应尽快转为适合商品特性的常规贸易方式开展业务，稳定市场。这是由于寄售贸易方式本身决定了出口商将承担巨大的商业风险。在寄售贸易方式下开展国际贸易，寄售商只是名义上的进口方，其所进行的一切操作均是代理出口商处理事务，所发生的一切税费均由寄售商先行垫付，待货物售出后再从货物销售收入中扣除。货物售出之前，合同货物的所有权属出口商，同时出口商也须对货物可能产生的经济法律后果承担责任，直到寄售人将货物售出给实际购买人，物权才发生转移，此前的一切费用和风险均由出口商承担。即使货物完成销售，寄售商是否能够如约将货款汇交给出口商也完全取决于其商业信用，因此，寄售这种贸易方式不适合作为长期贸易方式。

（二）拍卖

拍卖是指拍卖行接受货主委托，在拍卖会上按照相应的规则和程序，通过公开竞价的方式将商品出售给出价最高的买家。不易标准化的新鲜商品、艺术品、古董等货物都是以拍卖方式进行的。

拍卖的一般程序包括三个阶段：一是准备阶段，由货主与拍卖行先行达成拍卖协议，约定货物的品种、数量、交货方式、交货时间、价格限制、拍卖佣金等；二是拍卖阶段，在约定好的时间和地点，按

照拟定好的拍卖目录逐次拍卖；三是交付阶段，拍卖成交后，买主签署成交确认书并支付定金，当全部款项交付完成后凭拍卖行开具的提货单到指定地点提货，拍卖行从收到的货款中扣除约定好的佣金后，将剩余货款转给货主。

拍卖的竞价方式有三种，分别是增价拍卖、减价拍卖和密封递价拍卖。

增价拍卖也称买方叫价拍卖。这是最常用的一种拍卖方式。拍卖时，由拍卖人提出一批货物，公布预定的最低价格，估价后由竞买者相继叫价，竞相加价，有时规定每次加价的金额额度，直到拍卖人认为无人再出更高的价格。

减价拍卖又称荷兰式拍卖，由拍卖人先开出最高价格，然后渐次降低价格，直到有人表示接受，即达成交易。这种拍卖方式买主之间无反复竞价的过程，且买主一旦表示接受，不能再行撤销。由于减价拍卖成交迅速，特别适合于数量大、批次多的鲜活商品。

密封递价拍卖又称招标式拍卖。由买主在规定的时间内将密封的报价单递交拍卖人，由拍卖人选择买主。该方式除价格条件外，还可能有其他交易条件需要考虑，既可以采取公开开标方式，也可以采取不公开开标方式。拍卖大型设施或数量较大的库存物资或政府罚没物资时，可能采用这种方式。

根据世界著名艺术市场信息公司 Artprice 发布的《2021 年度艺术市场报告》中披露的数据可以了解到，2021 年，我国艺术市场拍卖成交额为全球最高，其次是美国、英国。我国艺术品拍卖市场成交额占全球的比例相较于 2020 年有所增长，这表明中国的艺术品拍卖市场影响力在全球缓缓增大。

另外，随着网络技术的不断发展完善，各个行业纷纷从线下的方式逐渐转移到线上发展，顺应时代背景下，在线拍卖系统开发也应运而生，实现了传统拍卖模式由线下向线上发展的转变，同时给拍卖平台以及竞拍者带来诸多便捷。相比之下，在线拍卖给竞拍带来诸多的便捷。线上拍卖模式主要以直播的方式为用户呈现出来，能够实现与移动客户端或者是其他智能终端的链接，让用户更好地感受拍卖现场。借助互联网进行广告宣传以及推广，能够让线上拍卖会获取更多的关注度，从而提高平台的整体影响力。

四、加工贸易

（一）加工贸易的方式

加工贸易是国际上普遍采用的一种贸易方式。加工贸易是以加工为特征，以商品为载体的劳务出口。加工贸易通常在发达国家与发展中国家之间进行。

1.进料加工

所谓进料加工就是用国内的外汇储备去购买国外的原材料和辅助材料，然后利用本国的劳动力和设备进行加工，加工好的成品再出口到国外，其实也是用进口养出口的模式。在进料加工这种模式下，本国企业要面临原材料会出现价格危机，更要担负产品的销售风险。企业利润空间有限，而且夹缝求生存，这是最为初级的加工贸易模式，多数发生在发展中国家。

进料加工包含四个特点，如图 2-5 所示。

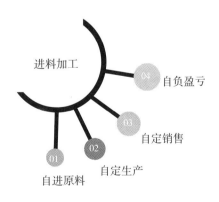

图 2-5　进料加工的特点

2.对外加工装配

所谓对外加工装配是指由国外的企业提供技术、原材料、设备等资源，国内企业只负责装配，并且将装配好的成品交给对方。这种属于典型的委托加工关系，不但可以赚取劳务费用，而且可以学习到国外现今的生产经验，一举两得。而且这种贸易方式风险较小，是加工企业比较喜欢的一种形式。对外加工装配贸易是来料加工和来件装配的合称，是一种委托加工的贸易方式。

来料加工是国外客户作为委托方，提供原料、材料、辅料、包装物料和必要的机器设备及生产技术，委托国内生产企业作为承接方，以本身拥有的一定厂房设备、技术和劳动力，按委托方所提出的品质、规格、款式等要求，加工成品后，运交委托方在国外销售，承接方收取约定的加工费。来料加工贸易是一种典型的以商品为载体的国际贸易方式，来料加工是由外商提供的料件，料件及加工的成品所有权属于外商，我方只按其要求加工，对货物无处置权。而进料加工由我方经营单位购买进口料件，拥有货物的所有权。

来件装配是指由国外委托方提供零部件、元器件、包装材料和必要的机器设备和生产技术，委托国内承接方按工艺设计要求进行装配，成品交委托方处置，承接方按约定收取装配费。

（二）加工贸易与一般贸易的对比

加工贸易与一般贸易既相互联系，又有本质区别。

加工贸易与一般贸易的联系在于加工贸易会促进一般贸易的发展，逐步实现加工贸易向一般贸易的动态转化过程，两者的内在差异会随着贸易的进步不断缩小。

加工贸易与一般贸易的区别在于货物的来源、企业的收益以及税收的不同。从货物来源角度来说，加工贸易货物的生产原料来自国外，只是在国内进行简单的加工或装配，而一般的国际贸易的生产资源来自于本国原产地。从企业的收益角度来说，加工贸易的收益空间较小，只有少量的加工费，而一般贸易的收益空间大，产品销售的利润由成本和国际市场价格的差价决定。站在税收的角度看待加工贸易，实际对进口原料实行海关监管保税，出口时不再额外增加增值税，而一般贸易则需要在进口时缴纳进口税，出口时要退还一定比例的增值税。

（三）加工贸易监管模式

现今，海关对海关特殊监管区域外的加工贸易企业实施监管，包括以合同为单元监管模式、以企业为单元监管模式、以企业集团为单元监管模式。企业可以结合自身条件，综合判断进行申请。

1. 以合同为单元监管模式

以合同为单元监管模式是指加工贸易企业以对外签订的加工合同为基础，每份合同设立一本加工贸易手册，对合同项下进出口及耗料情况进行记录监管。在加工贸易发展初期，海关即实施以合同为单元监管模式，这是加工贸易实施时间最长、企业数量最多、最普遍的监管模式。该模式按合同实施管理，料件、成品等数据量较小，管理相对简单，适用于新开展加工贸易业务或者业务规模较小、信息化管理水平不高的加工贸易企业。

该监管模式具有以下管理特点。

一是手册管理。企业对每份合同分别设立手册，根据合同的性质不同，分别设立来料加工手册（B手册）和进料加工手册（C手册），同时在开展多份合同的加工业务时，允许设立多本手册。每本手册的料件和成品类型较少，进出口数量不大，单耗关系相对简单。手册和合同一一对应，企业易于管理。

二是单项商品数量控制。料件或成品的进出口数量不可超过手册备案的数量，如进出口商品数量需超过手册备案数量，企业需通过手册变更增加该项商品的备案数量后方可进出口。

三是整体备案。在设立手册时备案料件和成品，备案完成后进口料件开展生产，后续合同如有调整，可通过手册变更增加备案料件和成品。

四是逐本手册核销。每份合同执行完毕后，企业核算该手册的进出口情况，通过内销、退运或结转至下一本手册等方式将剩余加工贸易货物处置完毕后，办理手册核销结案手续，办结该合同的海关监管手续。

2.以企业为单元监管模式

以企业为单元监管模式是指海关实施的以企业为单元，以账册为主线，以与企业物料编码对应的海关商品编号（料号）或经企业自主归并后形成的海关商品编号（项号）为基础，周转量控制，定期核销的加工贸易监管模式。

以企业为单元监管模式备案方式更加灵活，手续更加精简，总量控制便于进出口，充分满足大型企业加工合同多、生产周期短、零库存、即时生产等运营管理需求。同时，企业需有较为完善的生产管理系统，能对加工贸易货物的进口、仓储、加工生产、出口、内销、深加工结转等进行系统管理，加工贸易货物流和数据流透明清晰、逻辑链完整、耗料可追溯，满足海关监管要求。该监管模式适用于内部管理能力强、信息化系统完善、业务量大的大型企业。

相对于以合同为单元监管模式，以企业为单元监管模式具有以下特点。

一是账册管理。以企业为单元建立账册，原则上每家企业只设立一本账册，来料加工和进料加工均可使用账册开展业务，企业无需频繁地按照合同逐个设立手册，能够有效减少设立、核销手册的手续。

二是总量控制。实行最大周转金额或周转量控制，企业进出口的加工贸易货物在账册最大周转金额或周转量内，可根据生产的实际情况灵活进出口。

三是分段备案。企业先备案料件，在成品出口前备案成品信息，可根据生产完成的成品情况准确备案成品信息。

四是周期报核。以企业为单元监管模式中，企业自主选择确定核销周期。核销周期超过一年的，企业每年至少向海关申报一次保税料件耗用量等账册数据（即"年度申报"）。周期报核与企业物流、生产实际接轨，更符合企业整体化运作的特点。

3. 以企业集团为单元监管模式

企业集团加工贸易监管模式是指海关实施的以"企业集团"为单元，以信息化系统为载体，以企业集团经营实际需求为导向，对企业集团实施整体监管的加工贸易监管模式。"企业集团"是指以资本为主要联结纽带的母子公司为主体，有共同行为规范的母公司、子公司、参股公司共同组成的具有一定规模的企业法人联合体。企业集团加工贸易监管模式是海关为进一步顺应加工贸易企业发展需求，激发市场主体活力，自 2021 年 10 月 15 日起全面推广的监管模式。

企业集团加工贸易监管模式契合加工贸易企业集团的集团化运作需求，允许料件、设备等生产要素在集团内流转，进一步精简业务手续，有效盘活生产资源，助力企业减负增效。该监管模式适用于集团化运作的加工贸易集团，集团内的企业可以分别设立手（账）册开展加工贸易，不改变原来的加工贸易开展模式，同时享受企业集团加工贸易监管模式的便利措施。集团化程度高的企业集团可由一家企业设立手（账）册，由一家企业统筹集团内加工贸易货物的进出口经营活动，灵活调配使用集团内企业的产能。

该监管模式具有以下特点。

一是根据实际需要，集团内企业可以分别设立加工贸易手（账）册，也可以由集团内一家企业统一设立加工贸易手（账）册。根据设立的手（账）册类型，分别适用于以合同或企业为单元的监管模式。

二是保税料件、不作价设备、仓储场所突破仅限本企业使用的限制，可在集团内企业间流转使用。

三是免办外发加工备案、料件串换核准等业务手续。

四是免收集团内企业间全工序外发加工的担保金。

五、对等贸易

对等贸易是指贸易各方通过一定的协定来实现进出口的平衡。该贸易方式具有多种形式，包括补偿贸易、易货贸易等。

（一）补偿贸易

随着全球经济的迅速发展，各国之间的分工越来越清晰，补偿贸易也随之产生。简单来说，补偿贸易是一种以设备技术及相关产品进行交换的一种贸易形式。补偿贸易不但可以吸引更多的外商投资，还可以扩大产品的销售渠道，推动国家的经济发展，促进产品的出口。值得一提的是，由于补偿贸易一般利用技术设备展开，技术设备对生产的重要性不言而喻，因而在全面提升工厂智能化的效率方面具有明显的优势。

补偿贸易是指在信贷基础上，买方从外国厂商进口机器、设备、技术和部分原料，并约定在一段时间内通过产品或劳务偿还货款的贸易方式。对于技术和外汇不足的国家，可以通过补偿贸易引进国外先进的技术和设备，加快本国的经济发展，提高本国的出口能力。根据偿付标准的差别，补偿贸易可以划分为直接产品补偿、间接产品补偿和劳务补偿。构成补偿贸易的前提有两个：一是贸易活动建立在信贷基础上，二是外商承诺对产品进行回购。

补偿贸易是一种充分利用外资的贸易方式。对进口商来说，补偿贸易的优势在于技术、装备的引入，能够发展和提升国内的生产能力，加速企业技术改造，提升产品的出口竞争力。对出口商来说，以信贷为基础解决了进口商的经济负担，增加了设备和技术的出口。出于产业转移的需要，以补偿贸易的形式将部分产业向发展中国家转移，既可以得到技术和设备转让的利益，也可以从产品的销售中获利。

（二）易货贸易

易货贸易是在以货换货的基础上，把等价的进出口货品和进口贸易货品直接结合在一起的贸易形式，具体指在买卖双方之间进行的货物或劳务等值或基本等值的直接交换，不涉及货款的收付，也没有第三方介入。在采用易货方式交易时，买卖双方当事人以一份易货合同，确定交易商品的价值，以及作为交换的商品或劳务的种类、规格、数量等内容。易货贸易具有高度的灵活性，例如，在支付方式上，可以用现金支付，也可以用转账、抵充等多种交易方式；在成交对象上，多个企业间产品服务可以进行互换，不在拘泥于一对一的单方面交易；从交货时间上也更加人性化，既可以进、出口同时成交，也可以一个前一个后，互不冲突。

易货贸易的优点主要表现在选用易货贸易下买卖双方通常不产生或很少产生货款的收付，因而这种易货贸易形式是可以促进外汇较少的国家对外发展进出口。同时，易货贸易利用以货易货是可以提升以出带进或以进带出的目的，易货贸易是可以帮助一国从另一国兑换其他国内稀缺的重要物资，或向另一国销售其他剩余的货品。

易货贸易也存在一定的局限性，其采用易货方式的先决条件是，双方能够提供的商品正是对方需要并愿意接受的，而易货方式和目前买卖商品的贸易公司是高度专业化的。易货模式往往不能提供对方需要的商品，因此易货模式很难找到合适的易货合作伙伴；此外，如果使用易货贸易，逆差方实际上免费占有资金和顺差方的外汇，而易货方式显然不利于顺差方。因此，易货模式和易货贸易不愿意积极地互相提供商品，而易货模式极大地阻碍了易货贸易的顺利发展。

根据国家海关总署的统计数据，2020 年国际易货贸易额达 8972.86 亿元。易货贸易是国际贸易的新产业、新业态、新模式、新方式，对于推动世界贸易发展具有强大作用，是应对国际风险的战略选择。易货贸易有利于增加进出口，进一步开放国际市场，促进国际贸易，特别是发达国家和发展中国家之间的贸易，极大地便利了外汇短缺国家，特别是发展中国家进口急需的机器和设备或其他产品。发展易货贸易符合企业减压赋能的现实需要，易货贸易可以减少现金流费用，减少流通环节，为企业节约运营成本。企业也可以用自己的产品或服务通过易货贸易来支付他们想要的原材料和股权。通过清理和减少企业的库存产品，不仅可以增加利润，而且可以减少现金流支出，从而振兴企业。

综上所述，易货贸易对企业和国际社会都有很大帮助，是促进经济高质量发展的有效方式，是落实绿色发展的必然要求，还是促进社会和谐稳定的重要保障。

第三节　国际贸易的货款结算

国际贸易源远流长，而交易中的货款结算方式的发展也从实物交易到现金支付，再到现在的多样化。当今国际贸易不仅往来频繁，而且数额巨大，为适应目前的贸易需要，以汇付、托收和信用证为代表的结算系统日趋完善。

一、国际贸易的货款结算方式

（一）汇付

1. 汇付的基本内容与应用

汇付包含电汇、信汇、票汇等形式。在汇付的支付过程中，银行扮演着一个第三方的角色，进口商将资金交给银行，银行会对出口商的相关单据进行审查，确认无误后，再将货款转移到出口商手中。目前在国际贸易中，采用汇付作为结算手段，是债务人在实际操作中主动支付给债权人的一种形式。

电汇是指汇出行在收到汇款人的委托后，将该笔委托支付的资金通过电传的方式通知收款者所在地区的汇入行，并由该汇入行代为向指定的客户解付指定数额的资金。由于付款速度快，所以在三种汇付方式中电汇的应用最为广泛。但是在这种方式下，银行利用在途资金的时间短，因此，电汇的手续费高于信汇。

信汇与电汇的不同之处是汇出行将支付委托给汇入行，并通过航空邮寄的方式送达委托书，因此，汇款的进度要慢于电汇。由于采用信函支付，人工操作繁琐等因素，欧洲各大银行现已经停止办理信汇业务。

票汇是一种以银行即期汇票作为支付工具的汇付方式。汇出行根据汇款者的请求，以其代理行或账户作为支付人，并注明收款人所指明的收款人姓名的银行即期汇票，并将其交给汇款人，由汇款人自己交给收款人。收款人在收到票据后凭票向汇票上的付款人申请取款。

在国际贸易货款结算实践中，采用最广泛的就是电汇，其具体实施方式视实际而异。一种情况是货物到达后付全款，这种付款方式在现实的贸易活动中并不常见，这是由于卖方为此要承受很大的风险。一般的贸易商不会使用这样的支付方式；另外一种情况是预付电汇，即买方根据对方的信誉，提前支付一笔货款，等收到货物再将剩余的钱交给对方。在国际贸易电汇付款中，卖方通常倾向于预付电汇的方式。与货到付全款相比，这种方式可以极大地降低卖方所承受的风险。电汇凭借其独特的优势在国际贸易中具有一定的地位。利用电子支付非常高效，卖方能迅速收到款项，不必应对后顾之忧。

2. 汇付的风险

采用汇付方式结算国际贸易货款也存在相应的风险：包括国家信用风险、商业信用风险以及结算风险，如图 2-6 所示。

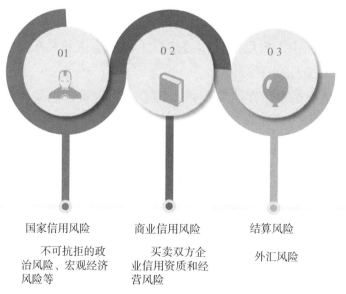

图 2-6　汇付的风险

首先，国家信用风险来源于不可抗拒的外部环境因素，包含政治风险和宏观经济风险，这一风险无法借由合同条款进行规避和改变，因为它是由进口国的法律和法规所产生的。在国际贸易中，若进口国经济衰退、外汇短缺无力支付，国内货币大幅度贬值，战争内乱等原因造成国内经济停滞，就会造成买家无法承担对外支付的义务。

其次，汇付方式是基于商业信用。如果卖方收到货款后不发货，或是买方收到商品后没有付清货款，都会造成对方"钱货两空"，而该信用风险与买卖双方的信誉密切相关。此外，经营不善、企业破产、市场行情改变、进口商品在进口后价格剧降、进口商亏空等都会带来企业的信用风险。

最后，出口贸易中的结算风险主要指外汇风险。结算风险是企业在贸易支付中使用外汇进行结算时产生的风险，这是因国际贸易发生的时间与货款实际结算的时间具有差距，结算的时间一般比贸易合同的签订时间要靠后，这中间的时间间隔会导致汇率在实际支付时与合同签订时有所差距。结算风险一般表现在出口合同生效后，出口收汇的结算外汇汇率下降，出口方到期收回的外币不足以买回签约时的本币金额，从而导致少收本币的风险。

3. 汇付方式的发展

在传统的电汇模式中，卖方必须先在汇入行开设一个银行账户，再将汇款路径提供给买方。当汇款路径确定之后，买方可以前往当地的银行进行国际汇款，资金将在数日后到达卖家的账户。但与此同时，较高的汇款成本需要买方来承担。

近年来，西联、速汇金等跨国汇款企业纷纷进入了国际汇款领域。其中，西联汇款的实力最为雄厚。现已成为世界上最大的跨国汇款公司。西联汇款目前已与中国农业银行、中国邮政储蓄银行等国内银行建立了良好的合作关系，并在指定的营业网点开展了美元国际汇款的业务。而速汇金作为全球第二大国际汇款服务公司，已经和工商银行建立了合作关系。

与一般的跨国汇款相比，西联汇款和速汇金两大公司在业务上具有明显的优越性。首先，通过该类专业的国际汇款公司进行汇款不需要开立银行账户，1 万美元以内的业务无需向国家外汇管理机构提交有关资料和审核，并且仅用十分钟即可到账。而一般的国际汇款的到账时间最快也要一星期，超过 2000 美元以上的业务还要经过国家外汇管理机构的批准。这是一个非常复杂的过程。其次，通过这类专业的国际汇款公司进行汇款，仅收取较少的手续费，这比一般的国际汇款要低得多。

（二）托收

托收指由卖方以买方为付款人开立汇票，委托银行代其向买方收取货款的一种结算方式。在托收这种付款方式中，主要包含了委托人、寄单行、代收行和付款人这四个当事人。而托收的方式又可以细分为跟单托收和光票托收。跟单托收指出口商将金融票据连同商业单据或者仅只有商业单据委托银行代为向进口商或者付款人收取货款的一种托收。这里的"单"就是商业单据，即有货物权的货运单据。光票托收是出口商将金融票据委托银行向进口商或者付款人收取货款，不附带任何商业单据。这里的金融票据可以是汇票、本票或者支票。

托收这种结算方式实际上是一种出口商以汇票的形式向银行进行委托，然后银行再向进口商讨要钱款的付款方式。因此，托收这种国际贸易付款方式的实行是建立在进口商信用度良好的基础之上的，但是，鉴于不同的贸易合作商家信用良莠不齐这种情况，因此托收这种国际贸易结算方式还是存在很大的风险的。第一，如果进口商信用不好，那么出口商很可能就会出现不小的经济损失；第二，托收在很大程度上会受到国家法律的影响，因不同国家对托收管理的差异性，因此如果在对不同国家托收管理的实际情况了解不清楚的情况下，就可能会导致一定的国际贸易结算风险。

（三）信用证

银行应买方的要求，开给卖方的一种保证银行在满足信用证要求的条件下承担付款责任的书面凭证。信用证可以分为跟单信用证和光票信用证这两种类型。其中，跟单信用证是那种必须提供相关单据证明的信用证，而光票信用证则相反，可以不必提供任何单据证明。

信用证一般是以书面文件的形式呈现出来，是银行应申请人的要求，对出口商开立的一种付款承诺，但是这种付款承诺是有一定的前提条件限制的，出口商的买卖行为符合信用证的相关条款规定，并在合同规定期限内，保质保量地交付货物和提供成套的单据凭证，那么银行便会凭借单据支付一定的货款金额给出口商。由此也可以看出，信用证这种国际贸易结算方式是建立在单据交易的基础之上的，且由银行作为担保人，理论上来讲，信用证付款的整个交流过程中具有较高的安全保障性。因此，信用证这种国际贸易付款方式在国际贸易结算实践中应用十分广泛。

在现实中，信用证付款也存在着一定的风险，这种风险性主要表现在以下三个方面：其一，在使用信用证结算过程中，如果信用证规定的信用条款中任何一项没有做到，那么银行就可以拒绝付款，从而给交易的一方带来巨大的金额损失；其二，信用证结算除了要承担一定的商业风险之外，还要承担一定的政治和战争等外部环境因素变化而出现的未知风险性因素；其三，相较于其他国际贸易结算方式，信用证支付在内容项目上要求非常多，且需要完成的流程也十分复杂，有时候更令人难以忍受的就是信用证对于资料和单据的审核十分严格。

（四）汇付、托收和信用证的对比

汇付、托收和信用证是国际贸易最为常见的三种结算方式，从程序的复杂性、手续费、风险、资金负担等多个角度来比较，如表 2-3 所示。

表2-3 汇付、托收和信用证的对比

结算方式		程序	手续费	出口商风险	进口商风险	双方资金负担
汇付	预付货款	简单	较少	最小	最大	不平衡
	货到付款			最大	最小	
托收		较多	较多	较大	较小	不平衡
信用证		烦琐	很多	较小	较大	较平衡

二、国际贸易的货款结算工具

国际贸易的货款结算工具包括现金和票据，现金交易已经应用较少，主要依靠票据来进行结算。票据包括汇票、本票和支票。

（一）汇票

汇票是出票人签发的，委托付款人在见票时或者在指定日期无条件支付确定的金额给收款人或者持票人的票据。在汇票付款方式中，主要涉及出票人、付款人以及收款人这三个对象之间的来回周转。

按照出票人不同，汇票可分为银行汇票和商业汇票。银行汇票一般不随附货运单据，即光票；商业汇票大都附有货运单据，即跟单汇票。按照付款时间不同，汇票可以分为即期汇票和远期汇票。即期汇票也称为见票即付汇票，即在汇票上无到期日的记载，而在收款人或者持票人向付款人提示汇票、请求付款之时，即为到期，付款人应即时付款的汇票。远期汇票的兑付包含多种形式，见票后若干天付款、出票后若干天付款、运输单据日后若干天以及定日付款。除此之外，按照承兑人的不同，汇票还可以分为商业承兑汇票和银行承兑汇票。

（二）本票

汇票是出票人签发的，委托付款人在见票时或者在指定日期无条件支付确定的金额给收款人或者持票人的票据。这种票据只涉及出票人和收款人两方。出票人签发本票并承担付款义务。本票如果不特别进行说明，一般指的都是银行本票。本票不需经承兑，出票人出票后即负付款责任。本票可分为记名本票和不记名本票，也可分为定期本票和即期本票。本票一般应载明"本票"字样，无条件支付承诺，收款人或其指定人（无收款人名字则以持票人为收款人），支付金额，签发日期和地点，付款日期和地点，发票人签名等。

（三）支票

支票是出票人签发的，委托办理支票存款业务的银行或者其他金融机构在见票时无条件支付确定的金额给收款人或者持票人的票据。因此，支票本质上属于一种即期汇票。而且，银行在根据支票数额进行付款，是以付款人存在银行的已有存款作为参考基础的，如果支票数额大于付款人的实际存款金额，那么银行就可以拒绝支付相关款项，而这种类型的支票也就成了所谓的"空头支票"。

（四）汇票、本票、支票的对比

汇票、本票和支票在涉及对象、主体关系等方面存在多种不同，具体如表2-4所示。

表2-4　汇票、本票、支票的对比

	汇票	本票	支票
涉及对象	出票人、付款人、收款人	出票人、收款人	出票人、付款人、收款人
出票人和付款人关系	不必现有资金关系	无所谓资金关系	先有资金关系
主债务人	承兑前为出票人承兑后为承兑人	出票人	出票人
出票人担保责任	付款、承兑	自付款	付款
日期记载	有	有	无
付款人	承兑人	出票人	银行

三、国际贸易货款结算的选择

（一）国际贸易货款结算选择的重要性

在当今世界经济一体化发展的大趋势下，国际贸易发展面临着巨大的机遇。国际贸易货款的结算与贸易双方的利益直接相关，关系到贸易的顺利开展。国际贸易货款的结算实际上是一种跨境支付手段，其发展和创新对国家间的经贸交流活动起到了积极的促进作用。与此同时，随着国际贸易各个环节的不断创新，对国际贸易的货款结算方式提出了更高的要求，结算手段的多元化发展可以满足国际贸易在支付方式上的多样选择性。从当下国际贸易结算方式的应用来看，占据主导地位的仍然是信用证、汇付和托收这三种方式，它们具有各自不同的特点，适用于不同类型的国际贸易。

在国际贸易实践中，每种结算方式不只包含各自的优点，还具有各自的风险点，需要进行谨慎选择。结算方式的选择直接关系到交易是否能顺利完成，恰当的结算方式既能维护企业的利益，确保外汇资金的安全，又能加速资金周转，扩大国际贸易往来。因此，在国际贸易货款结算的环节，必须根据当下贸易所处国家或地区的实际发展情况来选择科学合理的结算方式，以保证收款的效率和买卖双方的资金安全。

（二）国际贸易货款结算的选择策略

在国际贸易货款结算中，通常情况下，每一笔交易一般只会采用一种支付手段。但是由于受到各个国家或地区习惯的不同、各个客商的偏好不同、每次交易的市场状态不同等多种因素的影响，为了实现贸易的顺利开展，可以将不同的支付方式灵活组合、综合运用，以便顺利达成交易，实现安全收汇，加快资金的流动，取得良好的经济效益。

1. 要灵活选择结算方式

根据不同的国际贸易条件，灵活地选择不同的结算方法，避免陷入惯性思维。例如，在进出口贸易中，通常使用的是即期信用证，但是，出口商为了促进商品的销售，会给予进口商一些优惠的条件，如远期信用证或者是付款交单托收等方式。此外，为尽快处理积压的存货和滞销的商品，可采用托收承兑交单方式把这类的商品变成外汇，达成国际交易。

2. 结合运用不同结算方式

除了以上所述的灵活交易方式之外，也可以采取多种付款方式进行组合付款。包括信用证与汇付相结合、信用证与托收相结合、跟单托收与预付押金相结合等。

信用证与汇付相结合，指部分货款采用信用证，余额货款采用汇付结算。例如，当成交的货物是矿砂、煤炭、粮食等大宗商品，进出口商同意采用信用证支付总金额的90%，汇付支付10%的余额，在收到货物后进行验收，确定无误后，将余额货款采用汇付办法支付。

信用证与托收相结合包括不可撤销信用证与跟单托收相结合和备用信用证与跟单托收相结合。不可撤销信用证和跟单托收相结合的支付方式，是将部分款项以信用证形式支付，而对剩余款项则以跟单托收形式进行结算。通常情况下，在开立信用证时，出口商必须签发两份汇票：一份是根据信用证的付款部分，并以光票支付；另外一份汇票应包括所有规定的单据，按即期或远期托收。但是，为表示清楚需在信用证上列明以下条款，货款50%应开具不可撤销信用证，其余额50%见票付款交单，全套货运单据应附在托收部分项下。于到期时全数付清发票金额后方可交单。对于进口商来说，这种付款方式可以降低信用证的保证金，少量的资金可以做比投资多出好几倍的交易，既能促进资金的流动，又能节省银行的手续费用。对于出口商来说，部分地使用信用证进行部分托收，尽管要承担一定的风险，但是通过信用证作为担保，也是一种保护措施。此外，所有的运输单据必须附在与托收汇票项下，当票据被开证银行或支付银行接收时，银行就会自动进行审查，直到进口商将所有的款项都付清后才会将提单交给进口商，以此来保证收汇的安全，防止进口商在信用证项下部分货款支付后提前取走提单，这也是一种保护措施。将备用信用证与跟单托收结合起来，目的在于防止跟单托收项下的货款在遭到进口商拒绝支付时，可以使用开证行担保的备用信用证来收回货款，也就是在备用信用证项下，买方开立汇票并签发进口商拒付的声明书，向开证银行申请进行偿付。跟单托收预付押金相结合，是指采用跟单托收的方式，同时由进口商支付一笔预付款或押金作为保证，在合同货物装运发货后，出口商可以在银行获得部分货款，如果托收被进口商拒付，出口商可以在已得款项金融中扣除运费、利息及合理损失后退回并将货物运回，至于该笔预付金或押金的金额需要由贸易双方协商决定。

3. 将不同结算方式与分期付款、延期付款相结合

分期付款是指买方预付一定数目的定金，剩余的款项将按订单的生产和交付时间分成几个阶段，在每个阶段货物交货完成后付清该阶段的款项，直到付清最后一期货款时，买方才能获得全部货物的所有权。延期付款是指在支付一定数量的订金后，在货物交付后很长一段时期内进行货款的分期摊付。在卖方完成交货后，买方就会获得该商品的所有权。如果买方未能完成支付，则卖方仅可按法律规定要求偿付货款，但无法恢复货物的所有权。

在进行国际贸易时，当进口和出口双方就大型设备、成套机械及大型交通工具等商品进行贸易协商时，就可以采用将不同结算方式与分期付款、延期付款相结合的付款方式。这种贸易模式具有合同货物金额大、生产周期长、检验手段复杂、交货条件严格以及产品质量保证期长等特点，因而可以采用贸易双方对开保函与分期付款相结合、预付定金与延期付款相结合的付款方式。进出口商双方对开保函与分期付款相结合，是指进口商根据合同要求出具银行保函并按生产进度分期付款。进口商为了保障本身的利益，防止出口商延迟交货、产品质量与合同不符、因故违约等情况出现，也需要出口商出具保函。预付款和延迟支付的结合，是指根据合同要求进口商支付一笔定金，并依约延期付款。延期付款部分的金额会在交货后的几年内付清，也称为赊购支付方式。对于进口商来说，在延期付款期期间必须偿付期间利息。

第四节　国际贸易的货物运输与保险

一、国际贸易货物运输

（一）国际贸易货物运输的方式

国际贸易运输包含多种运输方式，如海洋运输、铁路运输、航空运输、公路运输、内河运输以及由各种运输方式组合的国际多式联运等，如图 2-7 所示。

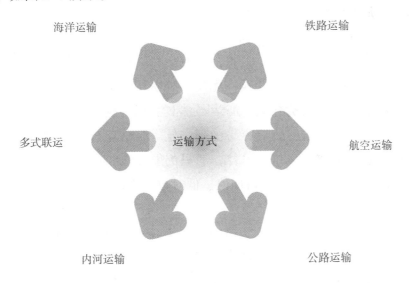

图 2-7　国际贸易货物运输的方式

1.海洋运输

海洋运输是世界上最普遍、使用最广泛的国际货运方式。海洋运输是指承运人依照海上货物运输合同所规定的方式，以海运船舶为载体，以运费为酬劳，将托运人所托运的货物通过海路从一国家港口运到另一国家的港口的运输行为。目前海洋运输的主要货物有：原材料、矿产、钢铁、粮食、原油等。海洋运输之所以流行主要是因为其能承载大量的货物，动辄数万吨，甚至数十万吨，尤其适合能够容易保存且更新周期长的货物。

根据海运公司的业务模式，可以将海运分为两类，班轮运输和租船运输。班轮运输通常有固定的船队、固定的船期、固定的航线、固定的停靠港口以及固定的运费率。由于班轮的港口装卸由船方负责，因此，装卸费也包含在班轮运输费用中。班轮所承运的货物种类很多，货主可根据需要订舱，尤其适用于普通的散货和集装箱货品的海运。班轮的运价是根据班轮的运价表来确定的，其中包含了基础费用和其他附加费用。基础运费分为两种：一种是常规的杂货运费；另一种是集装箱包箱费率。租船运输是指整船的租赁运输。由于租船成本低于班轮，而且可以选择直接的航线，因此，大宗商品通常采用租船运输。租船的方式有两种，一种是定程租船，另一种是定期租船。

海洋运输有很多优势，例如，目前全球航线四通八达，而且海上运输单次量大，费用相对低廉，无需额外费用，无需二次检查和重复通关，可享受场内免费仓储。海运虽然具有以上优势，但也有其自身的缺陷。比如，运输的航期容易受到气候等自然条件的影响，造成航期延长，耽误货物的交付。另外，船只的航速也是航期的限制因素之一。因此，海运更适合于低附加值、低时效、重量较大的货物。

2.铁路运输

与其他交通方式相比，铁路运输具有多方面的独特优势，首先，铁路运输能够保证运输的准时性，这是由于铁路运输几乎不受气候的影响，除了地质因素或其他不可抗力因素外，很少有可以对其产生影响的外部环境因素。其次，铁路运输手续简单，没有海洋运输的复杂流程。最后，铁路运输的运输能力较强，可以实现点对点的运输。当然，铁路运输也存在一定的局限性，如前期的铁轨铺设需要进行大量的投资，且必须对轨道进行长期维护以保证行车的安全。

3.航空运输

航空运输是指在拥有航线和机场的情况下，以飞机为交通工具进行货物的运输。自从飞机被发明以来，随着人们的广泛应用，空中交通变得更加普遍和现代化，航空运输的最大特征就是能够快速送达，不会受到地形的制约。尤其适合运输生鲜产品、贵重精密的仪器、药用物资等。但是航空运输的成本也相当可观，且经常受到天气的影响导致运输延误。

4.公路运输

公路运输是一种以公路为载体的运输形式，是整个运输体系中的一个重要环节。公路运输作为一种现代运输方式，既能实现外贸货物的直接进出，又能在车站、港口、机场进行货物的集散。公路运输有许多优势，包括能直达运输地点、资金流转速度快、时效性强、车队数量多、能实现一条线上多地运输等。但公路运输的持续性较差，货物的安全性较低，在各类国际贸易的运输方式中，公路运输的平均运距是最短的，运行的持续性也是其中最差的。

5.内河运输

内河航运作为水路交通的一个重要环节，是连接内陆腹地和沿海地区的交通枢纽，在运输和集散方面具有举足轻重的地位。

内河运输和海洋运输具有相似之处，不过内河运输的时效性不如海洋运输，而且只能到达内河边缘的部分城市，如果要继续往内陆进行运输，就必须要通过公路或者铁路的方式来运送。这种内河运输只适用于大宗商品和大宗货物，虽然运费不贵，但稳定性和持续性不强，无法保证不会跑空，因此其应用范围有限，但内河运输依然是必不可少的运输方式。

6.多式联运

多式联运是指由两种或更多种运输方式相互衔接、转运而共同完成货物运输的一种运输方式。通过多式联运，可以简化货物的托运、结算、理赔的手续，从而节约更多的人力、物力及相应的成本。多式联运还能提高货物运输质量和运输管理水平，实现运输的合理性。

邮包运输即是一种多式联运。邮包运输是一种比较简单的运输方法。各国邮政部门间订立了协议和合同，使国家间的邮包相互转送，由此构成了一个国际邮包运输网。国际邮包运输因其提供"门到门"的运输服务，且手续简便、费用低廉，因而已成为国际上广泛使用的一种运输方式。

（二）国际货物运输方式的选择

国际货物运输方式的选择需要从四个方面进行考虑，包括运输时间、可预测性、成本和非经济因素。[①]

1. 运输时间

在国际贸易运输方式的选择中，运输时间是首要考虑因素。运输时间的长短对国际贸易的整个物流运作有很大影响，需要根据不同货物的运输需求，选择合适的运输方式。例如，航空运输的时长远远低于海洋运输的时长，如果产品生产出来以最快的速度运抵国外市场，就可以延长销售时长，获取最佳收益。而一旦出现生产原因导致产品生产周期较原合同拉长，就需要在运输环节上争分夺秒，此时，航空运输就是不二的选择，此时就体现出了航空运输快于海洋运输的优势。

2. 可预测性

能否准时安全地将货物运输至指定地点是国际贸易运输方式选择仅次于运输时间需要考虑的因素。一般的合同上都会规定准确的到货时间，但是无论哪种运输方式，都会受到硬件和自然因素的影响，从而导致到货时间延后，为了避免或者将意外发生的概率降到最低，可预测性是所有经销商必须关注的一大问题，因为一旦货物延期到港，本地的行情就会受市场经济影响，降低顾客的预期或是降低本商品的销售价格，这些都不是买卖双方想看到的。

3. 成本

企业要想生存就一定要有利润，控制成本是必须，所以在诸多的

---

① 王露露，高玲珍. 运输方式对国际货物贸易影响分析——基于我国的实证研究 [J]. 现代商贸工业，2015，36(18)：47-48.

国际运输方式中，成本是一个企业首要考虑的重要问题。当货物价值一定时，如何降低生产成本和运输成本是企业关注的重点，为了降低运输成本，很多企业选择合作共赢，结成联盟，合作协商运输，降低成本。除此之外混合运输方式也是减少时间和降低成本的一种选择。

4.非经济因素

非经济因素通常也会影响运输方式的选择。例如，政府出于扶持本地企业的原因，或是某些物流企业已被政府收购，享受政府补贴，这会影响促使部分企业优先选择这类物流公司，在无形中对需要物流服务的企业和其他物流企业造成一定的困扰，不过随着物流企业自身的不断壮大，未来一定会提升运输效率，与国际接轨。

综合来看，每种运输方式都包含不同的技术特点，有其较为合理的应用领域，国际货物运输在选择运输方式时，应结合自身需求对各种运输方式进行比较和全面的分析，具体可以从商品性质、数量大小、运输距离远近、市场需求的紧迫程度、风险程度等方面进行全面的对比。比如新鲜、活体、季节性货物，对运输的速度、交货时间具有严格的要求，一旦延迟交货很可能造成巨大损失。而贵重物品更注重运输的可预测性，需要尽量规避意外情形发生带来的风险。还有大宗商品对运输成本更为看重，更低的成本可以获得更大的价格优势，因此需要低廉的运输方式。在相同的运输方式中，根据商品不同的运输需求也能进一步细化选择，比如公路运输可以灵活选择多种车型，海洋运输可以选择班轮运输还是租船运输，也可以充分利用运输工具的回空来运送货物。

二、国际贸易货物运输保险

（一）国际贸易货物运输风险

国际贸易货物在运输、装卸和储存过程中，可能会遭到各种不同风险，这些风险会造成货物和运输工具的损失，而国际贸易货物运输保险就是把货物在运输途中可能遭遇的各种风险作为其保障的范围。

因此办理国际贸易货物运输保险就显得十分必要。

一般来说，国际贸易货物运输会面临三种风险：海上风险、外来风险以及欺诈风险，如图 2-8 所示。

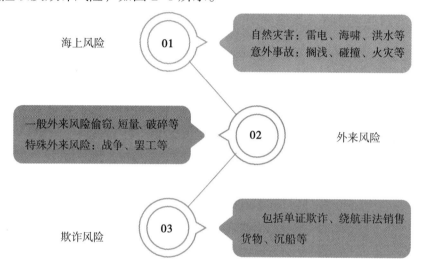

图 2-8　国际货物运输风险

1. 海上风险

国际贸易货物运输主要采用的是海洋运输，在海洋运输的过程中，一旦出现天气变化或者其他一些因素，就很容易出现风险，这些风险就被统称为海上风险。海上风险是多种多样的，例如环境地质等自然灾害，如暴风雨、飓风、雷电、海啸、海底火山喷发、旋涡等；也有一部分人为导致的灾难，如船只碰撞、偏离航道、船只搁浅、遭遇海盗等。针对人为灾难，海运公司也发布了很多相关保险科类，在最大程度上对事故进行保险，避免商家损失过大。

2. 外来风险

外来风险是指自然灾害和意外事故以外的其他原因造成的风险，但不包括货物的自然损耗和本质缺陷。外来风险和海上风险容易被混淆，两者本质上的区别在于作用对象不同。海上风险一般作用于船体，大部分货物也会随着船体出现风险导致货物出现意外情况；而外来风险主要是货物出现了问题，就是船体并未发生事故，但是货物因为各种不确定因素，如遗失、损耗，难以交付等，通过不同的作用对象，可以明确区分海上风险和外来风险。

外来风险具体可以分为一般外来风险和特殊外来风险。一般外来风险指运输过程中因为遭遇各种情况导致货物丢失或损坏的风险。在海运货物保险中，可承保的一般外来危险包括偷窃、提不到货、淡水雨淋、短量、渗漏、破碎、受潮受热、串味、沾污、钩损、生锈、碰损等。特殊的外来危险一般是由于政治、军事、国家禁令和控制措施所产生的风险，如战争、罢工、拒绝交付货物等。

3. 欺诈风险

国际贸易运输过程中的欺诈风险是危害最大的风险，欺诈风险的种类非常多，有单证欺诈、绕航非法销售货物、沉船等类型。一般来说，欺诈风险存在于交易商、船东和租船人之间，是一种具有主观意识的商业行为，这一点要和外来风险中的船员盗窃相区分。在众多的国际贸易欺诈事件中以参与者的不同为分类标准，分为三种：一是贸易者监守自盗的欺诈事件，主要骗取高额的保险费用；二是贸易者和船舶公司共同欺诈，获取非法所得；三是船舶公司自己预谋的贸易欺诈，伤害贸易者来使自己获利，也因为每种欺诈的参与者不同，最终受害人也不尽相同。

（二）国际货物运输应对风险措施

面对上述国际货物运输风险，需要贸易企业提前应对，具体措施包括购买国际货物运输保险、办理保价运输手续、根据海关要求出口货物。

首先，购买国际货物运输保险。国际货物运输一旦出现问题，贸易者和货主损失往往最大，当然托运人也会不同程度地受到损失，为将多方损失降至最低，可以对货物办理相关投保运输险，进行风险转移，让保险公司来承担托运风险。

其次，办理运输的保价流程。当办理保价后，运输过程中的货物损失赔偿就会交由承运人承担，而且能够得到货物损失的足额赔偿。具体而言，要在货物交运时向承运人特别声明货物在目的地交付时的利益，还要在航空运单中"供运输使用的声明价值"一栏中注明货物的金额，同时支付规定要求的声明价值附加费，以使声明价值确认为托运人和承运人约定的赔偿责任金额。一旦货物在运输过程中被损坏或者出现丢失、延误等情形，承运人要根据货物的实际损失情况，按照声明价值向托运人予以赔偿。

最后，根据海关要求出口货物。在国际贸易进行过程中，应严格遵守国家以及海关部门的规定，货主需要提前对危险物品办理并出示相关证书，以待查验；对不准出口的货物切实做到禁止出口，不能因为利益而背信准则，做损坏国家利益的事情。

（三）国际贸易保险理赔

保险索赔是在保险产品发生危险损害后，根据保险协议，由被保险人根据保险合同向保险人提出的索赔行为。

在国际货物交易中，如果在保险范围内发生货物损失，保险受益人应当根据保险的具体情况来决定索赔的对象，并准备好有关的证明文件，如货物损坏检验报告、保险单或保险凭证、发票、提单、装箱单和重量单、海事报告和结算等，在规定的有效时间内申请赔偿。

关于投保的理赔要考虑下列问题。

首先，货物运输险通常是定值保险。所以，如果货物出现了完全损失，则需要全额赔付；如果是局部损害，应当合理地确定赔偿比率，并精确地进行赔偿。针对某些特定的易损品，有两种相对应的赔付标准：一种是不管物品损坏到什么程度，一律全额赔偿，此类适用于高精尖仪器；另一种是针对一定的破损量进行赔付，根据物品损坏的程度给予一定量的赔付，这类大多适用于损伤但不影响使用的一些物品上。如果保险条例中未包含豁免条款，那一定会比有豁免条款的保费高。

其次，如果货物在承保期间发生损害，但责任归第三人承担，则投保人在获得保险补偿后，应当将追偿权益转移至保险人，使其获得代位权。

最后，若被保险商品受到重大损害，并请求依推定全损进行赔偿，则应向保险人交付该货品和所有的权益[①]。保险人如果收到委托，就一定依据合同条款进行全损补偿，剩下商品的处置权也归保险人一同拥有。若被保险人没有提出委付通知，则仅以部分的损害为限进行赔偿。

---

① 郑昌. 国际货物运输保险之保险利益原则研究 [J]. 产业与科技论坛,2019,18(3):38-39.

第三章　国际贸易发展概述

当前国际贸易的发展已经进入新的历史阶段，我国的对外贸易也取得了重大成果。以史明鉴可以知兴替，纵观国际贸易的发展历程，绿色化、数字化、创新化的发展将成为未来国际贸易的主要发展趋势。

第一节　国际贸易的发展历程

一、国际贸易的起源与发展

（一）国际贸易的起源

"贸易"一词最早出现于《商君书·开塞》："二者名贸实易，不可不察也。"贸易的实质是物品的交换，国际贸易属于历史范畴，起源于特定的历史条件和背景，具有两个重要的基础：一是社会生产力的兴起；二是国家的形成。

在原始氏族社会的早期，因为生产力的限制，人们只能靠自己的劳动来满足人民的最低生活需求。到了原始社会后期，随着社会生产力的发展，开始出现畜牧部落和其他部族分开的历史性首次社会分工。牧民们主要负责饲养家畜，他们既能为自己的族人提供一定的生活必需品，还能有所剩余，这就促使部落之间剩余物品的交换，称之为最基本的对外贸易。第二次大规模的劳动分工，是手工业从农业中分离，由此产生了以交换为目标的生产活动。货币是随着交易发展和人们的客观需求而出现的，货币出现后，商品的交易逐步演变为以货币为媒介的商品的生产与交易。而在商品经济发展的同时，也出现了一些专门从事商品交换的人员，即商人，这是人类社会的第三次社会分工。当社会发展到国家的界限形成，这种商品交换活动的规模就扩展成为了国际贸易。

从上述发展可以看出，国际贸易的起源离不开社会生产力的发展和劳动分工的进步，催生出不断扩大的商品交换活动，大量商人出现并开始从事贸易活动，最后国家的形成促使这种贸易活动成为国际贸易。

（二）国际贸易的发展

国际贸易是从 11 世纪开始逐渐发展起来的，起初仅是一种小型的区域性商业活动，主要是商品的交易。

20 世纪 60 年代以来，由于新的第三世界强国崛起以及全球经济的飞速发展，国际贸易区获得了极大的发展动力，贸易范围不断扩大。国际贸易经历了从 1.0 到 3.0 的发展历程，如图 3-1 所示。

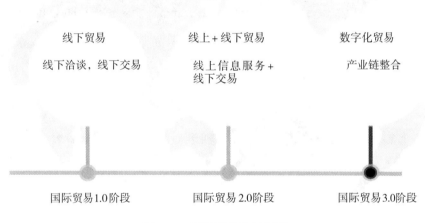

图 3-1　国际贸易发展历程

第一阶段是国际贸易 1.0 阶段，是一种单纯的线下贸易，在这一阶段互联网还未出现，该阶段贸易的经营方式较为常规。在进行贸易活动以前，一般先是国际商务的两方进行当面洽谈，也有一些外贸公司充当中间人。实质上，这仍然是一种传统的商品贸易形式。贸易公司通常会通过各种媒介，包括交易会、报纸、电视等，来宣传自己的商品，这些都是其扩大客源的渠道。在进行谈判时，双方都要花费很多的时间来筹备各种材料进行谈判，讨论合同条款。因为主要通过电话、传真等方式进行联络，交流方式相对落后，所以会非常缓慢。

第二阶段是国际贸易 2.0 阶段，网络技术迅速发展，跨境电商也随之出现并迅速发展。随着网络的普及，电子支付和物流业的发展也越来越快，外贸公司已经抛弃了传统的商业方式，更多地依赖于网络。但由于这一阶段的技术还不够成熟，网络平台只能为用户提供普通的业务信息服务，而业务的具体发展还需通过手机、邮件等方式进行，无法完全脱离线下交易的方式。

第三阶段是国际贸易 3.0 阶段，也是国际贸易目前所处的发展阶段，这是一个全新的贸易时代，新型的跨境电商平台交易模式出现为平台上的买卖双方提供了全方位的服务，买卖双方可以进行高效的交流，不仅可以利用海量数据进行准确的供需匹配，还能有效整合贸易产业链的各个环节，形成一站式全面服务的数字化贸易模式，让国际贸易更加顺畅。

二、我国对外贸易发展概况

通常认为，我国对外贸易始于秦朝，在汉代逐渐发展兴起。汉代的外贸国家主要有罗马、阿拉伯帝国、朝鲜、日本、印度等国。我国出口丝绸、皮毛、铁器及其他金属产品，同时引入香料、药材、玻璃、各种织物和珠宝等，形成了以"丝绸之路"为主体的陆地运输通道。

新中国成立七十余年以来，我国经济经历了巨大的变革，尤其是改革开放后的四十多年，外贸出口成为拉动经济发展的三驾马车之一。纵观新中国七十余年的对外贸易发展历程，由于经济发展状态和政策的变化与调整，大致可以分为五个不同的发展阶段，各个阶段展现出各自的阶段性特征。

（一）外贸计划管理阶段（1949—1978 年）

新中国成立之初百业待兴，由于国际上的紧张局势和复杂的实际状况，决定了我国的对外贸易实行统筹管理，形成了一套由政府主导的集外贸经营与管理为一体、政企不分、统负盈亏的外贸管理体制，中央下达指令性计划直接管理少数的专业性贸易公司进行进出口，该阶段的对外贸易目标主要是进出口贸易在整体上达到均衡，这既有助于保持国际收支的平衡，又能维持较低的国内物价，但不利于我国与世界市场的有机联系，于是进入了试点改革阶段。

（二）外贸试点改革阶段（1979—1991 年）

自 1978 年十一届三中全会之后，中国实行了一项新型的开放经济制度，正式地打开了西方的市场大门，逐步放宽了对外贸易的范围。由于当时资金技术短缺，国内市场需求较低，劳动力和土地等资源价格低廉，我国采取以进口代替和以出口为主导的策略。这一时期的重点是放开一些商业经营权，包括外商投资，并实行贸易公司的自主化经营，充分发挥内外两种优势，整合世界资源，提高我国产业的国际竞争能力。1990 年，外贸企业出口实行没有财政补贴的自负盈亏，为了完善对外贸易承包责任制，配合外贸企业改革，国家采取了放宽外汇管制，实行出口退税政策，下放部分权力等一系列配套的改革措施，增强了宏观经济的调节能力，并为外贸企业利用市场机制，自主经营创造了有利的外部环境。

（三）外贸扩大开放阶段（1992—2001 年）

1992 年以来，我国对外贸易政策制度的变革不再局限于对外贸易权和贸易公司方面。我国对外贸易的改革从与世界接轨的原则出发，囊括了国家内部的各方面管理，国家明确要求深化对外贸易制度的改革，加快建设与国际贸易规范相协调的，符合我国经济发展现实情况的对外贸易制度。我国对外开放的范围由特区试点向全面开放转变，逐步形成"全方位、多领域、多层次"的对外开放格局。我国通过降低关税、取消部分出口补贴、公开贸易、放开物价等一系列措施，推动了我国外贸的快速发展。

在加入世界贸易组织以前，我国已有超过 30 万家的公司取得了贸易经营权，加速了我国外贸公司的转型，推进了我国现代公司制度的实施，在金融业、保险业、地产、零售、咨询、教育等领域，都在积极开展试点，并相继颁布了若干临时性和过渡性的法律和法规来规范发展。1994 年，我国通过了第一部《中华人民共和国对外贸易法》，完善了外贸领域的立法规范，从而使我国的对外贸易市场化得到了更好的发展。

（四）深入全球贸易体系阶段（2002—2012 年）

从 2001 年末我国加入世界贸易组织以来，在市场准入、内部措施、外资待遇、服务贸易等方面都很好地完成了自身的承诺和义务。在这一阶段，我国持续推进社会主义市场经济体系建设，加强与国际多边贸易体系的紧密联系，实现商品和服务的开放，增强了对知识产权的保障，使外贸政策稳定性、透明度和预见性得到了明显的改善。我国在遵守加入世界贸易组织的各项承诺的前提下，坚持以促进贸易自由化、投资贸易便利化为目标，深度参与贸易政策审议，反对单边贸易和贸易保护主义，促进多边贸易体系的发展，实现了我国外贸的繁荣，也为国际贸易的发展作出了巨大的贡献。从实际情况来看，这一时期我国外贸规模继续保持较快的速度，一举跃居世界货物贸易第一大国。

（五）贸易强国建设阶段（2013 年—至今）

在外贸发展上，2013 年至 2015 年，我国连续占据世界货物贸易第一大国的位置。在新时期，我国的经济不断地朝着更高级的形态、更复杂的分工、更合理的结构演进。随着外贸贸易的发展，我国外贸企业的自主创新能力较弱、出口产品附加值较低、国内劳动力成本上升、服务贸易发展相对滞后、贸易体制机制不健全等局限逐渐显现。贯彻"创新、协调、绿色、开放、共享"的新发展理念，推进外贸高质量发展，建设贸易强国已经成为新阶段的首要发展目标。

三、我国对外贸易发展成果

我国对外贸易经过七十多年的发展，已经发展成为一个世界级贸易大国，正在稳步向世界贸易强国迈进，发展态势总体良好，实现了外贸规模不断扩大、进出口结构持续优化、外贸地理结构日趋多元、贸易总体保持顺差、在全球价值链中地位有所提升等成果。

（一）外贸规模不断扩大

我国自改革开放以来，对外开放已于 1982 年被写入国家宪法，并作为国家的一项重要政策，外贸发展也步入了快速发展的轨道。之后四个发展时期，我国外贸总量和世界贸易量所占比重都迅速增加，全球货物贸易排名由第29位上升至首位。我国对外贸易货物进出口总额，如图 3-2 所示。

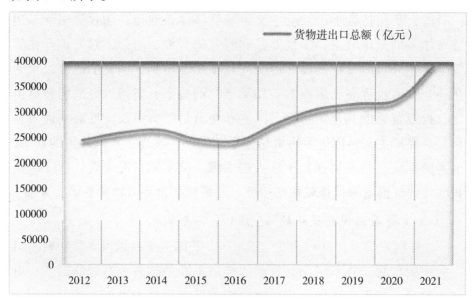

图 3-2　我国 2012-2021 年货物进出口总额变化趋势

数据来源：国家统计局。

由图 3-2 可知，我国货物进出口总额总体一直呈现上升趋势。根据国家统计局发布的《中华人民共和国 2021 年国民经济和社会发展统计公报》，截至 2021 年底，我国 2021 全年货物进出口总额达到 39.10 万亿元，比上年增长 21.4%，这是近五年以来增长速度最快的一年，相较于 1978 年的进出口总额翻了 1000 多倍。不过，在 2015—2016 年期间明显可以看到对外贸易规模有所下降，这是由于在 2015 年我国提出

"创新、协调、绿色、开放、共享"的新发展理念，实现了从建设贸易大国向建设贸易强国的目标转变，短期内贸易规模有所下降，但对外贸易发展质量一直在持续走高。

（二）进出口结构持续优化

根据国家统计局发布的《中华人民共和国 2021 年国民经济和社会发展统计公报》：2021 年，我国货物出口总额为 21.73 万亿元，同比增长 21.2%；进口总额为 17.37 万亿元，同比增长 21.5%。我国外贸的进出口结构持续优化，如表 3-1 所示。

表 3-1　2021 年货物进出口结构及增长速度

指标	金额 / 亿元	比上年增长 / %
货物出口额	217 348	21.2
其中：一般贸易	132 445	24.4
加工贸易	53 378	9.9
其中：机电产品	128 286	20.4
高新技术产品	63 266	17.9
货物进口额	173 661	21.5
其中：一般贸易	108 395	25.0
加工贸易	31 601	13.3
其中：机电产品	73 657	12.2
高新技术产品	54 088	14.7

注：数据来源：国家统计局。

由表 3-1 可知，我国货物进口额与出口额持续扩大，特别是货物出口额整体走高。货物出口以一般贸易为主，加工贸易相对较少，机电产品为主要出口产品，高新技术产品的比重比上一年增加 17.9%。货物的进口也是以一般贸易为主，机电产品进口比出口少很多，高新技术产品进口额也比出口额低，可见我国产品技术已经取得很大的进步。在进出口商品结构方面，出口商品主要包括钢材、纺织品、服装、家具及零件、玩具、塑料制品、集成电路、收集、液晶显示板、汽车（包括底盘）等，进口商品以大豆、食用植物油、煤及褐煤、原油、成品油、天然气、初级形状的塑料、纸浆、钢材、未锻轧铜及铜材、集成电路等为主。在我国由于完备的现代工业系统逐渐形成，出口中工业制成品和进口中的原材料比例在逐年增加。可见我国的进出口结构得到了持续的优化。

（三）外贸地理结构日趋多元

立足于国内视角，我国的外贸发展从改革开放之初的东南沿海区域转向了内地，外贸比重逐步趋于均衡，外贸地域格局日益多样化。我国积极推进的"陆海内外联动、东西双向互济的开放格局"已初具规模。

立足于全球视角，我国对外贸易已经从建国初期的单一合作转变为全面、协调的多边合作，与全球各国进行了大量的经贸往来，对外贸易的地理结构也日益多样化，以 2021 年为例，如表 3-2 所示。

表 3-2　2021 年我国对主要国家和地区的货物进出口金额、增长速度及其比重

国家和地区	出口额/亿元	比上年增长	占出口总额比重	进口额/亿元	比上年增长	占进口总额比重
东盟	31 255	17.7%	14.4%	25 489	22.2%	14.7%
欧盟	33 483	23.7%	15.4%	20 028	12.1%	11.5%
美国	37 224	19.0%	17.1%	11 603	24.2%	6.7%
日本	10 722	8.5%	4.9%	13 298	10.1%	7.7%
韩国	9 617	23.5%	4.4%	13 791	15.1%	7.9%
巴西	3 464	43.4%	1.6%	7138	20.3%	4.1%
俄罗斯	4 364	24.7%	2.0%	5122	28.2%	2.9%
印度	6 302	36.6%	2.9%	1819	25.1%	1.0%
南非	1 365	29.4%	0.6%	2147	49.4%	1.2%

注：数据来源：国家统计局。

由表 3-2 可知，从货物进出口额及其比重来看，2021 年，美国是我国最大的货物出口国，东盟是我国最大的货物进口地区。从货物出口增长来看，以巴西、印度、南非为代表的国家成为我国货物出口潜在的有力市场，从货物进口增长来看，南非、俄罗斯、印度是我国最大的进口增长国家和地区。我国已经形成多元化的对外贸易地理结构，未来将持续展开与更多国家的国际贸易与合作，促进全球经济的共同发展。

（四）贸易总体保持顺差

我国对外贸易总体保持顺差，如图 3-3 所示。

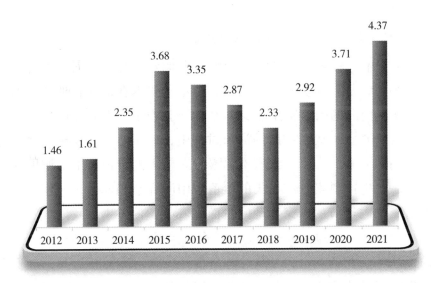

图 3-3　我国 2012-2021 年货物进出口顺差（单位：万亿元）

数据来源：国家统计局。

由图 3-3 可知，近年来，我国外贸规模在不断扩大、结构持续优化的同时，总体呈现贸易顺差。虽然在改革开放初期，我国对外贸易以逆差为主，主要依靠简单的加工贸易出口，利润空间狭窄。但经过多年的发展，我国从国外引进了大批机械、装备和技术，并逐步形成了一个完备的现代产业系统。尽管在2008年受到国际金融危机的冲击，我国的出口贸易逆差有所变化，但仍维持着整体贸易盈余，并于2015年达到3.68万亿元，特别是最近两年，我国贸易顺差达到最大值，2021年我国货物进出口顺差为4.37万亿元，展现了我国外贸发展的高水平。

尽管长期的贸易顺差会带来通货膨胀、人民币升值压力、国际经贸摩擦等不利因素，但是外贸是一个国家获取外汇的重要渠道，而我国的外汇储备在常年的贸易顺差加持下得到了很大程度的积累。这也是我国从一个外汇紧缺国家转变为世界最大外汇储备国的直接因素。大量的外汇储备将有助于提高我国的偿付能力，增强国际收支能力，促进人民币国际化。

（五）在全球价值链中地位有所提升

由于技术进步和贸易壁垒的消除，全球贸易加快发展，国际分工进一步细化，从而使资本、劳动力、技术等要素在世界各地的流通得到了强化，商品的国家属性逐步淡化，全球化的价值链条在逐步成型。在生产要素和资本要素的跨国流通过程中，由于链条各个环节之间存在着不同的要素分布，导致资本要素分布较多的价值链上下游的附加值较高，但生产要素分布密集的价值链中游环节利润较少。相应地处于价值链不同环节的国家和地区也面临着收益的差别。我国外贸企业正逐步走向价值链的上游和下游，并介入到设计、开发、营销等环节，从而提高了企业的竞争力。从全球价值链条角度来分析，我国外贸发展不仅体现了我国逐步参与全球价值链条的进程，同时也体现了我国在价值链条上地位的不断提高。

第二节 我国国际贸易的发展环境

以我国国际贸易为例分析当前国际贸易的发展环境。具体来说，我国国际贸易经历了五个发展阶段的不断进步，无论是在规模还是在质量方面都有了显著的飞跃，这对于我国经济增长、技术引进、国民福利、建立外向型经济、扩大对外开放等方面都有很大的促进作用。事实证明，我国在发展的各个时期都采用了比较合理、与时俱进的贸易、经贸方针，从而保障了我国外贸的持续发展。聚集当下，展望未来，我国国际贸易的发展还在持续进行，我国外贸发展可以从发展优势、发展局限、发展机会、外部环境四个角度展开分析。

一、我国国际贸易发展优势分析

鉴于上文我国已经取得的对外贸易发展成果，当前，我国国际贸易发展具有经济基础、政策支持、国民收入水平提高、消费潜力释放四个方面的优势。

（一）经济基础

我国经济规模的平稳增长，为对外贸易的持续发展创造了良好的经济基础。根据国家统计局公布的数据，2021 年，我国全年国内生产总值达到 114.37 万亿元，比上一年增长 8.1%，人均国内生产总值 8.10 万元，比上一年增长 8.0%。近十年来，我国国内生产总值呈现一路平稳上涨趋势，如图 3-4 所示。

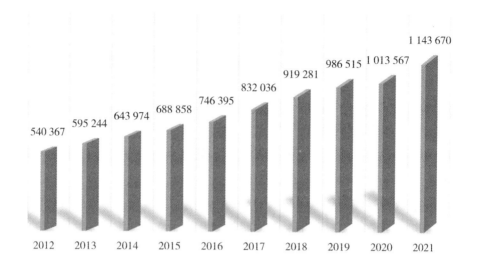

图 3-4　2012-2021 年我国国内生产总值（单位：亿元）

数据来源：国家统计局。

由图 3-4 可知，2020 年，我国国内生产总值首次突破百万亿元大关，经济规模在近十年里一直保持平稳增长，形成了稳定的经济环境。稳定的经济环境是对外贸易持续增长的保障，不仅为外贸提供经济资本支持，而且对全球国际贸易都起到至关重要的作用。

（二）政策支持

我国对外贸发展一直保持开放的支持态度，多年来各项外贸政策频出，旨在促进对外贸易的快速、高质量发展。2021 年全国人民代表大会发布《中华人民共和国国民经济和社会发展第十四个五年规划和2035 年远景目标纲要》，明确指出要完善出口政策，优化出口商品结构，稳步提高出口附加值。将优化国际市场布局，引导企业深耕传统出口市场、拓展新兴市场，扩大与周边国家贸易规模，稳定国际市场份额作为发展任务。推动加工贸易转型升级，深化外贸转型升级基地、海关特殊监管区域、贸易促进平台、国际营销服务网络建设，加快发展跨境电商、市场采购贸易等新模式，鼓励建设海外仓，保障外贸产业链供应链畅通运转。创新发展服务贸易，推进服务贸易创新发展试点开放平台建设，提升贸易数字化水平，实施贸易投资融合工程。

这些举措从不同角度强调了国家对外贸行业的支持态度，尤其是对跨境电商行业的重点推进，建立了超过百个跨境电商综合试验区，使外贸行业覆盖面广、区域重点突出、发展梯度丰富。总体而言，各跨境电商试点对于推动当地区域对外开放水平提高发挥着积极的作用。

（三）国民收入水平提高

国民收入水平的提高是我国国际贸易发展的一项重要优势，近十年来我国居民人均可支配收入的相关数据，如图 3-5 所示。

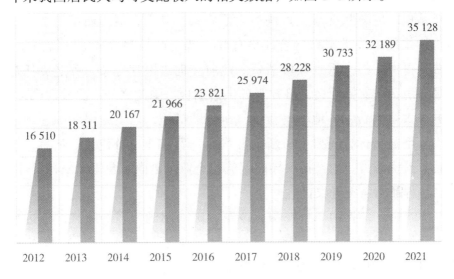

图 3-5 2012-2021 年我国全国居民人均可支配收入（单位：元）

数据来源：国家统计局。

由图 3-5 可知，我国居民的人均可支配收入正在逐年增加，在 2021 年达到历史最高 35 128 元，按照目前的发展趋势，可以推测未来收入将持续走高。收入的增加直接促进了我国居民消费潜力的释放，

加快了对外贸易的发展进程，有利于从各个维度进行外贸的业态创新、流程优化和资源整合，促进我国向贸易强国的目标不断迈进。

（四）消费潜力释放

消费对经济具有持久拉动力，事关保障和改善民生。根据国务院发布的数据：我国2021年消费支出对经济增长的贡献率达到65.4%，拉动国内生产总值增值5.3%。我国坚持协同发展、远近兼顾，努力稳定当前消费，综合施策释放消费潜力。

具体来说，首先，我国将进一步把已出台的餐饮、零售、旅游、民航、公路、水路、铁路运输等特困行业纾困政策落实到位，鼓励地方加大帮扶力度，稳住更多消费服务市场主体。我国要做好基本消费品保供稳价，保障物流畅通，科学规划建设一批具备综合功能的城郊大仓基地，应急状况下就近调运生活物资。其次，促进新型消费。我国将加快线上线下消费融合，培育壮大智慧产品和服务等"智慧+"消费。再次，扩大重点领域消费。政府要促进医疗健康、养老、托育等服务消费，支持社会力量补服务供给短板。除此之外，要鼓励汽车、家电等大宗消费，各地不得新增汽车限购措施，已实施限购的逐步增加汽车增量指标，还要支持新能源汽车消费和充电桩建设。最后，挖掘县乡消费潜力。国家将引导商贸流通企业、电商平台等向农村延伸，推动品牌品质消费进农村。

总体而言，我国一直在深化改革，破除制约消费的障碍，推进消费平台健康持续发展，引导金融机构丰富大宗消费金融产品。加快重点项目建设进度，将相关基础设施建设纳入专项债支持范围，以投资带消费。依法惩治假冒伪劣、价格欺诈、虚假宣传等行为，充分释放消费潜力，为外贸发展创造良好的营商环境。

二、我国国际贸易进步空间分析

我国国际贸易还存在大而不强、新业态萌而未盛、营商环境优而不特、贸易收支不平衡的进步空间。

（一）外贸大而不强

我国外贸质量有待加强体现在两个方面：一是外贸发展质量有待提高，二是外贸结构有待进一步改善。

从我国外贸发展质量来说，我国当前还未完全摆脱依靠大量资源消耗的生产模式，尽管自2015年提出新的发展理念后，我国高能耗制品的出口量有所下降，但其出口总额及市场占有率仍保持较高水平。从环境污染角度来看，自2015年以来，我国的总排污量有所减少，但污水排放量仍然位居全球首位，同时二氧化硫、粉尘等废气的排放量也位居全球第一。我国境内的自然资源和环境状况面临着严峻的挑战，难以支持持续发展的粗放式对外贸易。随着生态文明建设被列入全国发展规划，对外贸易发展与环境保护也应与国民经济发展的全局需要相适应。

从我国外贸发展结构来说，尽管我国外贸在货物贸易结构调整和服务贸易发展等领域都有了长足的进步，但有待进一步的改善，这成为我国外贸发展的制约因素。从全球价值链条角度来分析，我国目前还处在价值链的最底层，以生产劳动密集型的产品为主，特别是加工贸易，出口增加值依然较少，利润率较低。目前我国外贸体制下的自主创新与研发实力不足，这将加剧我国对世界技术领先国家的"非对称性依赖"。另外，对外贸易地理结构的改善也是急需解决的问题，由于全球经济不景气，贸易总量有所下降，我国国际贸易的发展空间必须进一步拓展，要降低贸易依赖程度，提高对外贸易的地域格局。

（二）新业态萌而未盛

我国当前已经出现很多外贸新兴业态，如跨境电商、离岸贸易等。但是由于我国目前的货币政策管制日趋严格，跨境金融发展相对滞后，缺乏配套的政策和技术服务，导致很多新业态难以快速兴盛起来。

跨境电商应当是新技术赋能下最有具象化的新外贸模式，也是国内发展最快、最有潜力、最有带动作用的一种新型的贸易形式。跨境电商是一个崭新的"贸易通道"，打通了交易、物流、支付等一系列服务链条，并在一定程度上压缩了整个产业链，从而大大缩短了交易流程，大大减少了终端的零售成本。同时，网络购物可以让全球消费者进行更多的产品对比和选择，跨境电商企业可以将国外的消费者需求信息和国内的商品供应信息系统进行深入地整合，从而更好地进行供需匹配，实现精准对接。然而，我国在配套物流基础建设等领域的缺失已经成为制约这些外贸新业态发展的障碍。

离岸贸易是服务贸易的新模式，与传统的来料加工贸易和补偿贸易不同，离岸贸易模式下我国的产品可以直接在境外生产地交付到消费者手中。离岸贸易对金融服务的需求很高，而且要求有雄厚的基础设施来支持，以提高其交易的便利程度。这些都是当前我国外贸发展的短板。

（三）营商环境优而不特

我国外贸企业的营商环境还需要进一步的改善。整体上来说当前外贸企业在整体通关时间和通关成本方面都还有优化空间，不利于外贸企业的贸易便利。数字口岸的建设还任重道远，减少报关随附单证、船公司试行电子提单、收费模式改革等差异化、特色化改革创新工作有待推进，贸易结算、融资、投资、保险等方面服务水平不足。另外，我国贸易平台带动作用有待进一步提升。自由贸易试验区制度创新的功能发挥不足，尚需高水平、深层次的政策创新来激发活力。

我国自改革开放后充分利用劳动力红利实现了外贸的快速发展。但是，我国外贸的管理水平还相对落后，缺少有效的经营调控和宏观调控，导致我国制造的产品质量不高、生产方式相对粗犷等问题不断涌现，产品质量难以保障，从而影响了我国的品牌形象。尽管在外贸发展的过程中，我国的产品在制造方法和质量上有了长足的进步，但是，世界范围内对"中国制造"的消费成见还有待进一步扭转。

（四）贸易收支不平衡

我国常年保持贸易顺差，虽然一定程度上增加了外汇储备，带来很多积极的影响，但这也成为制约我国外贸发展的因素之一。特别是我国外贸顺差额度过高，在 2021 年超过 4 万亿元，贸易收支不平衡。

贸易收支的长期不平衡导致我国内部流动性过剩，通货膨胀趋势加剧，人民币购买力下降，总体物价水平上涨，不仅影响了国内民生，还间接引发资本外流。另外，贸易收支的长期不平衡导致部分国家将其国内的经济问题，如财政赤字，就业困难，贫富分化等归咎于我国，不利于我国国际贸易的长期发展。

三、我国国际贸易发展机会分析

当前，全球经济一体化进程加快、生产技术的创新以及网络技术的应用都成为我国国际贸易发展的机会。

（一）全球经济一体化

全球经济一体化进程还在持续进行中，推动着全球的经济与贸易的迅速发展，也推动了世界各国政治和文化的交流，这是我国外贸发展的巨大机遇。

全球经济一体化暗含一种共享的思路，我国的新发展理念正好契合这一点。全球经济一体化带来了要素和资源在全球范围内的流动，参与国际贸易的各个国家都能从中受益。以我国为例，劳动力资源是我们较为丰富的生产要素，而自然资源相对匮乏，因此需要将资源整合起来，通过资源和材料进口，在国内进行生产加工。当世界范围内的国家和地区都能参与到自由开发的国际贸易中，坚持共享的发展思想，开放市场，拓宽贸易渠道，加强国际合作，就能在最大程度上实现国际贸易的高质量发展。

全球经济一体化使世界各国的联系更为紧密，促进全球经济成为一个整体，部分国家或地区的利益很可能影响整体的利益，部分国家或地区的损失也会造成整体的损失。因为经济的融合性，导致世界各国成为利益共同体，一定程度上减少了国家之间的对立，形成了一个相对稳定平和的贸易环境，促进国际贸易的长期发展，也为我国国际贸易带来良好的发展环境。

我国发展外贸需要把握全球经济一体化的机会，实施以服务业为主、以内需为核心的自由市场策略。我国的困难在于服务市场的开放性，服务市场化改革的难点在于理念和政策体系。以自由贸易为核心的改革，本质上是"二次开放"。随着全球经济形势的不断发展，"二次开放"将成为我国经济体制新的变革和发展的新动能。我国将持续以更具开放性的心态来推进我国的经济体制改革和内需体制改革，以基建投资为出发点，加强互联网建设，使更多的人能够从全球化的贸易发展中获益。除此之外，实现从以生产为主导的市场向以服务为主导的双向市场的开放型转变，充分发挥服务贸易潜能，培育新的经济和体制。

（二）生产技术的创新

全球经济一体化是当前国际社会发展的一个重要方向，全球经济处于新的发展阶段，复苏速度较慢，需要继续以改革为动力，创造一个充满生机的发展方式，而生产技术的创新恰好符合这一需求，其是推动全球经济发展的一个关键因素。当前生产技术已经进行了多轮的创新，改变了我国的产业结构、外贸商品结构，提高了我国产品的市场竞争能力，是我国外贸发展的重大机遇。

生产技术的创新改变了我国的产业结构，促进了国际分工的进一步细化。生产技术的创新必然会导致产业结构的调整转型，技术创新将使制造工艺和流程更加专业化。以零件制造来说，过去很多国家都有相关的零件制造产业，当一个国家的生产技术得到了突破，专业化水平超过其他国家，形成生产优势时，某种机器的零件就会主要由该国生产。在国际市场竞争日趋激烈的形势下，要实现产业转型升级，保持国内企业的长久发展，必须强化技术创新，将其看作重点突破方向。

生产技术的创新改变了我国的外贸商品结构，使对外贸易商品向着更高技术含量、更低能源消耗的方向发展。生产技术的创新促进了商品从低附加值、技术含量低的商品向高附加值、高技术含量的商品转变，高新技术在商品生产领域得到了快速的应用。在当前的国际贸易商品结构中，尖端技术和高科技产品的比重早已超过低技术、低附加值产品。例如，我国对透明显示技术、锂离子电池、超导材料等多个领域的前沿研究取得重要进展，在国际上处于领先位置。依靠科技驱动，中国制造业正努力抢抓机遇，探索出更宽更广的发展之路。另外，生产技术的创新对我国的绿色商品交易起到了推动作用，绿色产品是复合生态环境的产物，应用绿色产品有助于降低能源消耗，生产技术的创新使高质量、高科技、高附加值的绿色低碳商品逐渐成为外贸的主流商品。欧盟委员会发布的新电池法规已实施，碳关税也拟在2026年实施，我国需要提前做好应对，对高能耗高排放产品的出口实行从严控制，引导各地培育低碳贸易双循环企业和骨干外贸企业，支持绿色低碳贸易主体成长发展。

生产技术的创新提高了我国产品的市场竞争能力，提升了我国品牌的世界影响力。在国际经济的竞争日趋加剧的今天，技术创新在全球经济中扮演了越来越重要的角色。技术创新是一个民族的主要竞争优势，随着全球经济一体化程度的提高，各国产品的国际竞争能力也在逐步增强。近年来，中国制造在尖端领域一路猛进，许多创新成果不仅填补了国内空白，更在国际上夺得一席之地，使得诸多关键技术不再被国外垄断，由此打造出一批以高新技术著称的中国品牌。比如，华为在全球率先推出高温长寿命石墨烯基锂离子电池，可以将锂离子电池使用温度上限提高 10 ℃，使用寿命提升一倍。"神威·太湖之光"成为世界首台运算速度超过每秒 10 亿亿次的超级计算机。而量子点电视、OLED 电视等新技术产品更是不断展现在人们面前。我国高端制造企业的新品牌已经打响，新的发展动力已经形成，必须把握机遇，加速发展。

（三）网络技术的应用

网络技术包含了互联网技术、大数据、云计算等一系列信息技术，这些技术彻底改变了国际贸易的运营模式，带来一个"互联网＋外贸"的新外贸时代。跨境电商作为新外贸时代的典型代表，表现出惊人的发展潜力。根据海关总署公开的数据，我国跨境电商的规模在近五年期间增长接近十倍，2021 年，我国跨境电商进出口总额为 1.98 万亿元，同比增长 15%。

全球化的发展必然推动经济全球化、信息全球化和贸易全球化的多元整合。在这种形势下，国内数家外贸电商平台正在引领这一时代，如阿里巴巴国际站、中国制造网、环球资源等。这些外贸电商企业建立和维护跨境互联网平台，将其作为外贸交易的媒介，以扁平化方式对接供需双方的供求信息，匹配双方的供求信息，深刻地重塑中国的对外贸易领域，从面向国内出口企业提供服务扩展到面向全球进出口商提供服务。

新外贸提供给我国国际贸易一个不可多得的发展机会，创造了丰富的有利条件。

首先，外贸企业可以实现高度全球化、多元化、分散化和小型化。新外贸时代，更多的中小型外贸企业乃至个人都能在国际贸易活动中发挥作用，而全球化带来的利益也在不断地扩展和渗透到底层的消费者。传统的对外贸易并不能很好地处理供求关系中的信息不对称性问题，导致信息获取成本较高。因为有了网络平台，可以减少贸易各个环节的成本，并为客户提供一站式的集成服务。在这种模式下，供需双方的接洽成本几乎为零，极大地提高了贸易的广度和密集程度。与此同时，由于交易费用的减少，使双方收入和利润上升。

其次，依托大数据和网络效应，新外贸时代的数据积累已达海量。国际贸易的中心是交易的信息，实现信息的公开化和对称化可以让这些交易信息更具高层次的应用价值。运用大数据进行国际贸易趋势的研究，能够更加准确地反映供求关系，从而尽可能减少世界上的产能过剩和过度消费情况，减少不必要的资源浪费。

再次，国际货物运输模式创新，跨境物流呈现相对应的高度全球化、多元化、分散化和小型化趋势。新外贸时代，中小型外贸企业通过小包装和终端物流来实现产品的交付。通过互联网平台进行物流、通关、支付等环境整合，可以让生产者更加集中精力进行产品的制造，其他的工作则由跨境电商服务平台和相关服务商来完成。借助海外仓、保税区等新路径，缩短了国际贸易的交易流程。

最后，新外贸时代的金融创新改变了传统的征信方式和融资模式。信息和信用是贸易的核心，并在此基础上衍生出金融业务。过去我国国际贸易受限于国内信用体系的发展滞后，许多渠道畅通、商品质量好的外贸企业由于无法获得需要的金融服务遇到发展阻碍，新外贸时代的征信系统恰好弥补了这一缺失，为外贸企业提供更为公平、廉价的金融服务。

从国际视野来审视新外贸，网络技术的应用必将导致全球贸易链条和贸易结构的转变，形成一种"网络效应"，使更多国家、地区、企业、个人从中获益。当有更多的人参与其中，就能获得更多的利益，从而吸引更多的新客户，产生"正反馈效应"，这是我国外贸发展的重要机会。

四、我国国际贸易发展外部环境分析

我国国际贸易的发展还受到国际贸易环境的影响，包括贸易保护、贸易摩擦以及贸易风险。

（一）贸易保护

在世界范围经济下行和国际市场不断缩小的今天，各国的公司都面临着国际和国内市场的双重竞争。为了支持和保护国内产业，防止因国际市场收缩而引起的国际贸易转移，各国纷纷采取各种贸易保护措施，其中包括反倾销、反补贴、保障措施和特别保障措施，还包括采用传统的关税措施和非关税措施，如某些国家增加进口税、采取禁止或者限制进口的措施，实施技术性贸易壁垒等。但无论哪一种，都会给我国的外贸发展带来不利影响。当前，我国外贸面临的挑战早已由单一商品的企业间较量发展到了行业间竞争，从国际贸易层面上升到了国家安全层面。

（二）贸易摩擦

随着国际贸易保护的加剧，贸易摩擦也随之增加。在产品的出口领域，我国逐步出现反倾销的倾向。同时，由于产品品种的增多，外贸出口也从以前的轻工业逐渐扩展到化工、畜牧、食品、纺织等领域。近年来，随着外贸企业的迅速发展，我国也逐步受到世界范围内外贸商品反倾销调查。

如今，各国之间的国际贸易已由传统的显性摩擦逐渐演变为隐性摩擦，这主要是由技术壁垒和控制壁垒造成的。在关税方面，一些发达国家为推动自身的环保发展和绿色贸易，在对外产品贸易中要求提高"碳关税"。随着世界各国纷纷提高关税水平，我国的玩具、钢材、轮胎等产品出口受到很大冲击。从环保的观点来考虑，节能减排、低碳环保也正逐步被某些国家作为提高关税的借口。还有一些国家频繁地利用贸易救济手段实施所谓的贸易保护措施，使我国所遭受的贸易摩擦随着时间的推移和技术的进步而逐渐加剧。

（三）贸易风险

当前国际贸易主要面临四大风险，包括经济增长下行风险，通货膨胀持续风险、供应链瓶颈风险以及能源转型风险。这已成为威胁我国外贸发展的重要因素。

1. 经济增长下行风险

当世界经济逐渐走向正常化、政策刺激不再强加时，世界正处在一个复苏周期的末端，尽管可能会有轻微的波动，但总体上应该回归到正常增长水平。但是，从 2021 年末开始，由于全球通货膨胀和供应链问题的不断加剧，导致经济水平恢复缓慢，短期内不利于我国国际贸易的发展。

2. 通货膨胀持续风险

全球经济增速放缓，全球通胀率却陡峭上行，这一情况带来全面持续的通胀压力。全球通胀导致全球物价上涨，大宗商品价格，特别是能源产品、原材料、粮食等，与运输价格、房租等各类商品和服务价格接连上涨，而工资和物价螺旋仍未终止，通胀对全球经济产生的负面效应持续显现。

通胀继续攀升还容易引发通胀预期上行风险，通胀预期具有自我实现效应，就像当下能源产品价格走高、居民和市场通胀预期上行的"相互促进"。通胀预期上行将进一步压缩各经济体货币政策的空间，各国央行将陷入继续注入流动性资金助推经济和流动性资金泛滥偏离通胀目标的矛盾中。

3. 供应链瓶颈风险

现阶段，国际供应链面临着严重的瓶颈问题，并对世界经济造成了明显冲击，我国外贸也不可避免受到影响。本次国际供应链瓶颈受到全球供需不平衡与贸易保护主义、产业政策的持续作用，特别是以运输业为代表的物流能力遭遇周期性瓶颈。具体而言，其一，全球终端需求强劲，但整体贸易需求不平衡，这导致供应链负担加重；其二，贸易保护主义与各国产业政策等长期因素对全球供应链造成干扰；其三，因全球船舶、集装箱和相关劳动力同时吃紧导致运输和仓储环节的运行受到阻碍。

4. 能源转型风险

本次能源危机的根源主要在供应方面。世界原油需求目前基本恢复常态。而生产者供给能力调整客观上有限，主观上也对当下的高价格保持观望态度。美国石油产量的恢复还远不够其消费量，这就造成原有库存不断消耗与石油价格持续上涨。

在能源短缺的背后，还暗含一个长远影响因素，那就是全球绿色经济发展理念的盛行。以我国、美国和欧洲为代表的主要经济体的能源转型政策日渐明确，这在很大程度上阻碍了传统能源的开发与投资。但是，短期内清洁能源是无法完全替代传统能源的，并且可再生能源供给有限且波动较大，在这个能源转型替换时期，如果对传统能源的投资过度削减，就会导致能源供给短缺，将加剧全球能源产品供不应求的现象，不利于国际贸易的开展。

五、我国国际贸易发展环境总结与应对

（一）我国国际贸易发展环境总结

根据上文对我国外贸发展环境进行分析总结，可知当前我国国际贸易发展环境，如图 3-6 所示。

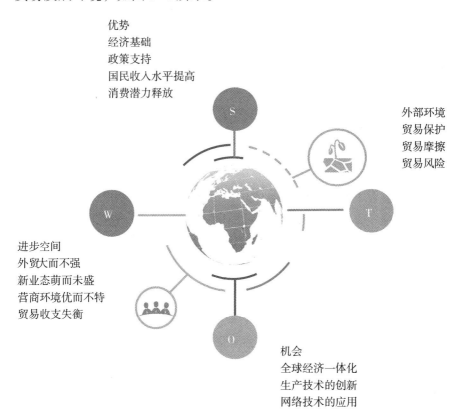

优势
经济基础
政策支持
国民收入水平提高
消费潜力释放

外部环境
贸易保护
贸易摩擦
贸易风险

进步空间
外贸大而不强
新业态萌而未盛
营商环境优而不特
贸易收支失衡

机会
全球经济一体化
生产技术的创新
网络技术的应用

图 3-6　我国国际贸易发展环境总结

我国国际贸易具有雄厚的经济基础、强大的政策支持、高水平的国民收入、充分释放的消费潜力作为发展优势，但也面临外贸大而不强、新业态萌而未盛、营商环境优而不特、贸易收支不平衡等发展难题，需要抓住全球经济一体化、生产技术的创新、网络技术的应用的机会，积极应对贸易保护、贸易摩擦、贸易风险的威胁。

鉴于此，我国需要有针对性地采取应对措施，推动国际贸易更高质量发展。要实现国际贸易高质量发展，除了数量规模上的扩大外，还必须要有质的飞跃，这主要表现在四个层面。一是更高的国际贸易的效率和品质。实现由生产要素推动向技术进步推动的动能转变，由规模增长向质量效益增长的转变，由以成本和价格优势取胜向以技术、标准、品牌、质量和服务的全面发展取胜转变。二是最佳的资源配置。提高对商品、资金、人才、信息、技术等资源的聚集能力，具有资源的综合利用优势。三是更优的国际贸易格局。实现国内贸易与对外贸易、进口与出口、货物贸易与服务贸易、传统贸易与新型贸易的协调发展。四是更好的国际营商环境。由商品和要素流动型开放向规则、规制、管理、标准等制度型开放转变，贸易抗风险能力全面提高，与国际高标准规则相衔接的制度体系进一步形成。

（二）我国国际贸易发展措施

为实现国际贸易的高质量发展，要充分落实"创新、协调、绿色、开放、共享"的发展理念。

1.创新贸易模式，提升贸易数字化水平

创新的贸易模式必须从多种视角进行。一要加强服务贸易创新，加速服务外包的转型。积极发展研发、设计、维修、咨询、检验检测等生产性服务外包，培育云外包、众包、平台分包等新形式。二要推动数字贸易的发展。建立健全数字贸易促进政策体系，探索发展数字贸易多元化业态模式。三要大力发展离岸贸易。创新金融监督方式，促进银行业务优化并提高审查工作的有效性，为合规真实的离岸贸易提供高质量的金融支持。四要推动我国跨境电商的持续、良性发展。加强对我国外贸出口的监督管理，探索跨境电商的全程服务模式创新。鼓励跨境电商公司建立灵活的柔性供应链。构建线上线下融合、内外一体联动的市场营销系统，推动网上交易平台等网络基础设施的建设。五要加快海外仓发展。推动监管创新，鼓励引导多元主体建设海外仓。鼓励海外仓企业整合国内外资源，向供应链上下游延伸服务。加快推

进海外仓标准建设，推出一批具有国际影响力的国家或行业标准。六要推动保税维修发展。支持综合保税区内企业开展维修业务，动态调整维修产品目录，扩大维修产品范围。

各类业务模式的创新最终都离不开数字技术的支持，打造数字化贸易应从以下三个层面着手。一是促进外贸企业的数字化转型。鼓励生产型外贸公司在产品开发等方面进行全产业链的数字化改造，以便能提供智能、便捷、高效的服务。二是为贸易数字化创造有利的政策支持体系。制定相关的政策和措施，以推动我国外贸的发展。加强和改进规则和规范，促进贸易数字化国际协作。推进外贸信息化建设，构建开放包容、健康有序、协同发展的数字贸易生态系统。三是加速数字赋能整个贸易产业链。借助数字技术促进出口企业提高智能制造水平。搭建云展会等线上平台，促进数字化营销。推进贸易融资、跨境支付等业务的在线应用。

2.协调外贸结构，完善外贸产业链

协调外贸结构，首先要从优化国际市场布局开始。进一步优化进口来源地和出口市场，综合考虑市场规模、消费结构、产业互补、国别风险、贸易潜力等因素，引导企业开拓重点市场、扩大进口来源。其次，要优化进出口商品结构。降低进口关税，引进优质消费品，特别是先进技术、重要设备、关键零部件，增加能源资源产品和国内紧缺农产品进口。推动高技术、高附加值装备类企业在更高水平上参与国际合作。最后，要建设贸易促进平台。办好中国进出口商品交易会，进一步提升国际化、专业化、市场化、信息化水平。发挥中国国际服务贸易交易会、中国国际高新技术成果交易会、中国国际消费品博览会、中国国际投资贸易洽谈会等在各自领域的展会平台作用。

完善外贸产业链，首先，要推动贸易和双向投资协调发展。大力吸引和利用外资，全面实施外商投资法和相关配套法规，继续缩减外资准入负面清单，鼓励外资更多投向中高端制造、高新技术、传统制造转型升级、现代服务等领域，发挥国家级新区、国家级开发区产业聚集和开放平台优势，带动产业升级和贸易质量效益提升。其次，要鼓励加工贸易梯度转移。积极发挥加工贸易梯度转移重点承接地、承接转移示范地、加工贸易产业园等载体作用，优化区域产业链布局。强化自由贸易试验区、国家级经济技术开发区、综合保税区等开发开放平台功能，充分发挥中国加工贸易产品博览会等平台的作用，推动加工贸易业态模式、对接机制、政策协同等创新，提升中西部和东北地区整体承接能力。最后，要强化国际物流保障。构建与外贸规模和发展水平相适应的国际物流体系，实施快递"出海"工程。多渠道提升我国国际航空货运能力，推进畅通国际铁路、道路货运通道，发展集装箱铁水联运，为企业提供多元化物流选择。

3. 构建绿色贸易体系

构建绿色贸易体系是我国外贸高质量发展的必然要求，也是积极应对国际绿色贸易壁垒的有效措施。构建绿色贸易体系需要从三个角度出发。

首先，要搭建绿色贸易平台。如支持贸易转型升级基地、进口贸易创新示范区、加工贸易产业园、国家级经济技术开发区等。完善国家绿色贸易评价体系，坚持"绿色展会"的标准化建设，在中国国际进口博览会、中国进出口商品交易会等重要展会上充分展示绿色低碳的引领示范，推动开展碳达峰和碳中和专题展览，打造高水平、高标准、高层次的绿色交易平台。

其次，要制定绿色低碳贸易标准，完善绿色贸易认证体系。支持认证机构积极扩大绿色、低碳贸易认证业务，推动全球范围内的相互协作与相互认可。促进国际上的绿色低碳贸易规则和机制的对接。探索构建一个完整的产品全生命周期碳足迹追踪系统，鼓励引导外贸企业推进产品全生命周期绿色环保转型。

最后，为绿色贸易创造一个良好的发展环境。研究制定绿色低碳产品进出口货物目录，逐步纳入进出口统计体系。大力开发并生产高质量、高科技、高附加值的绿色低碳商品。对高能耗、高排放产品出口实行从严控制。指导地方培育低碳贸易双循环企业和低碳大型骨干外贸企业，加大绿色低碳贸易主体支持培育力度，加强经验复制推广。

4. 开放国际贸易合作，强化外贸风险控制

要加强对外贸易的开放性，必须加强商贸流通体系建设，建立起内外联通、安全高效的商贸流通体系。支持中欧班列的发展，加速建设以中欧班列、陆海新通道等大通道和信息高速路为骨架，以铁路、港口、管网等为依托的互联互通网络，打造国际陆海贸易新航线。另外，还要加强各国之间的协作机制建设，现在国际贸易区域化的特征越来越明显，特别是产业间贸易全球化，但产业内贸易区域化的特征非常明显，区域内国家间的深度分工会促使区域内的贸易强度不断增强，有利于实现区域性的绿色化战略统一。

开放国际贸易合作不可避免要面临外贸风险，因此强化外贸风险控制十分重要，具体来说要从三个角度出发。一是健全贸易摩擦应对机制。加强中央、地方、行业组织、研究机构和企业之间的全面协作，推动形成多主体协同应对贸易摩擦工作格局，拓展双边贸易救济合作机制，综合运用多种手段应对不公平竞争等行为。二是强化贸易救济政策手段的作用，加强外贸调查机制的建设，推进贸易调整援助制度建设，引导和支持符合要求的地方开展贸易调整援助。三是健全我国的出口控制制度，加强对出口控制的统筹。优化出口管制许可制度，加强精准管控，并强化出口管制调查执法，有效打击出口管制违法行为，维护国家安全。

5. 探索外贸共享模式

通过共享的方式，可以有效地提升我国对外贸易的资源使用效益，充分挖掘技术潜力，缓解我国对外贸易中存在的产能过剩问题。共享的方式包括：资金共享、技术共享、平台共享、生产共享、物流资源共享。

资金共享实质上是共享外贸金融资源。其中最具代表性的是网络信贷、股权众筹等。网络信贷最大的优势在于利用开放的平台将社会闲置资金整合来帮助中小外贸企业的发展。尽管由于监管滞后等原因导致网络信贷出现发展问题，但其优越性还是不可替代。股权众筹是指企业利用网络信贷平台面向普通投资者以出让股份的方式筹集资金。

技术共享能够有效地缓解我国中小企业科技人员短缺、技术设备落后、技术创新周期长、技术创新风险大等问题。技术能力是公司的核心竞争力，是企业能否在市场上树立并维持其竞争地位的重要因素。企业的关键技术并非一朝一夕就能完成的，从创意的萌芽到技术的诞生，再到最终的市场价值的实现，都需要耗费大量的人力、财力和物力。随着网络数字技术的发展，对外贸易企业合作创新、共享发展成为了可能。在产学研结合的过程中，充分利用高校、科研机构的技术创新，实现产学研联动与优势互补。在信息化时代，科技创新模式不断演化，政府为进一步推动企业的技术创新，将在开放创新共享平台搭建发挥积极的作用。

　　平台共享是为了克服信息不对称的问题。在信息化水平较低的情况下，企业与用户在获取信息时往往会遇到困难和费用较高的问题，导致双方的信息不对称。在传统的营销方式中，销售成本高而且效率低下。而在平台共享的背景下，供需双方可以通过电子商务共享平台进行"面对面"的沟通和交流，并在平台的规则和信誉担保下直接进行产品交易，省去了中间商的利益分割，缩短了交易的时间，极大降低了交易成本，消费者在获得同样的服务下可以享受更低的价格。

　　生产共享涉及生产设施共享和生产技术共享。部分企业缺少生产设施和相应的生产技术，而有些大型制造企业不仅产能富余，还拥有一流的生产技术。这些大型制造企业可以凭借其优势建立一个第三方平台，通过收取一定的费用与小企业共享这些生产设施和生产技术，让生产资源能够实现最大化的应用。

　　物流资源共享在我国兴起较早，目前，由于信息化的发展，物流资源共享也逐渐实现平台化。物流资源共享包含货运共享与仓储空间共享。货运共享是通过信息化手段实现社会运输资源的整合与共享，减少运输空载，降低运输费用，从而提高企业物流效率效益的一种货运模式。仓储空间共享是通过搭建仓库资源共享平台，把有仓储需求的公司和有仓储空间空闲的公司匹配起来，达成供需高效合作，以"即买即付"模式取代了传统的固定仓库租赁模式，帮助需求方极大地降低了仓储成本。部分外贸企业物流规模较小，如果建立自己的跨境物流配送系统，势必大幅提高物流配送成本，同时也造成物流配送资源的巨大浪费。利用跨境物流资源共享平台一方面可以降低成本；另一方面可以凭借平台的专业优势大幅提高物流效率。

第三节　国际贸易的发展趋势

经过对我国对外贸易发展环境的分析可知，当前国际贸易呈现三个发展趋势：绿色化、数字化、创新化。如图3-7所示，这三大发展趋势与我国新发展理念十分契合。国际贸易本身就是一种开放的实践，绿色化发展是提高国际贸易发展质量的目标，数字化发展集创新、协调、开放、共享为一体的发展模式，通过运用各种信息技术重塑国际贸易整个链条，实现贸易全流程的协调发展，让更多的中小企业、消费者都能参与进来，开放贸易平台，共享贸易成果。融资创新是国际贸易的助力，降低了国际贸易的门槛，也充分展现了开放、共享的理念。

图3-7　国际贸易发展趋势

一、发展战略绿色化

可持续发展理念深入人心，绿色化发展渗透进经济贸易发展的各个领域。在碳中和大背景下，整个国际贸易绿色化是趋势。将来高碳产品有可能会面临碳关税，包括碳的许可证，很多产品可能会面临环保上的要求，这就要求国际贸易的产品能够更加绿色化，不光是终端产品要符合环保要求，同时整个产品的生命周期，在生产的过程中，包括在销售的过程中，全生命周期都要进行绿色化，还有全供应链都要进行绿色化的转型。这给很多清洁能源设备、清洁能源技术，包括环境友好的绿色产品带来非常大的机遇，如新能源汽车、光伏等，因此，我们要把握住国际贸易绿色化的发展趋势。

把握国际贸易的绿色化发展趋势可以将政策体系和环保产业作为突破口。

国际贸易的绿色化发展离不开国家政策这一大助力，我国已经在包括产业、贸易、消费、财税、信贷、外汇各个方面发布了绿色化发展政策，为外贸产业提供了完善政策指引，在整体产业链发展中加强部署，通过上下游的协同带动，推动企业更快实现低碳运营，并为助力全行业早日实现"碳中和"、营造良好行业氛围贡献力量。

环保产业是实现国际贸易绿色化的重要推手，绿色低碳标准的不断提高，能够让提早开始生产绿色和低碳产品的企业具有更强的国际贸易竞争力，也能够得到国家政策的鼓励。生产绿色低碳相关技术、设备和服务的企业在全球市场存在更大的成长空间。作为贸易全球化中的重要角色，外贸企业要树立并不断增强绿色低碳的发展意识，严格遵循国家政策和国际标准，将"双碳"的理念融合到企业的整体计划中。在设计生产环节提高重视程度，以绿色、生态的工艺和先进、低碳的技术生产商品。在经营管理中也要主动向低碳化转型，为企业争取到更多竞争机会。

二、业务模式数字化

贸易数字化推动了贸易便利化，数字技术的广泛应用极大地降低了国际贸易成本，数字赋能重振全球贸易，线上出口成为主要趋势。2022年1月国务院印发《"十四五"数字经济发展规划》。这是我国在数字经济领域的首部国家级专项规划。该规划多次提到发展数字经济与供应链建设的关系。伴随新一轮科技革命的深入发展、国际产业链的深度调整，数字供应链在全国乃至全球范围内都受到高度重视。

现在数字化技术的应用已经对国际贸易流程进行了改造，数字化赋能国际贸易全流程，国际贸易主体的外贸企业数字化转型趋势越来越明显，这中间不仅诞生了跨境电商这样一些新模式、新业态，更重要的是加速了传统的一般贸易和加工贸易的数字化转型。同时，数字服务贸易中可以分工、可以贸易的产品越来越多，数字服务贸易中最重要的数据贸易的量也越来越大，数据跨境流动的量越来越大，因此服务贸易数字化的趋势越来越明显。通过货物贸易的数字化和服务贸易的数字化，最终会形成数字化的贸易。全球贸易正在通过贸易数字化进入数字化贸易时代。

国际贸易的数字化还促使国际贸易形式融合。实际上，将来的国际贸易是走向融合的趋势，主要表现在以下几个方面的融合。一是货物贸易和服务贸易的不断融合；二是内贸和外贸的不断融合，将来全球是统一的大市场；三是贸易和产业的不断融合；四是贸易和投资的不断融合；五是线上和线下、虚拟和现实、数字世界和物理世界的不断融合。将来贸易融合化的趋势越来越明显，现在很多货物贸易也是通过数字化平台，中间解构各种各样的服务，如营销服务从贸易中解构出来，还有物流服务、金融服务、通关检测等，各种各样专业化服务也从贸易中解构出来，与有形的贸易不断融合。

三、融资方式创新化

金融是贸易的血脉，国际贸易融资创新为国际贸易绿色化、数字化的发展提供了金融保障。在强有力的保障预案和创新举措之下，能够确保贸易跨境的资金通路，便于企业业务办理，为市场稳定运行贡献金融力量。

国际贸易融资方式创新体现在优化线上产品，打造精细化跨境金融远程服务方面。银行通过丰富的线上跨境结算、融资、汇兑产品，持续为外贸企业提供不间断、无接触、无纸化金融服务，推进场景化跨境融资服务创新。例如，重庆农村商业银行着力聚焦优化市场主体金融服务这一重点，运用"云服务"科技手段，打造国际业务线上服务平台，切实简化国际业务办理流程，提升企业金融服务便利度。企业可通过该平台上的贸易融资产品"云商贷"线上完成出口发票融资、福费廷、进出口押汇、打包贷款等融资产品申请。融资产品种类多，操作步骤较便捷，能够简化资料提取，节省办理时间。

随着经济贸易方式的不断发展，同一供应链条上的贸易上下游企业相互影响、相互依存，贸易市场的竞争演变成整个贸易链条上整体的供应链与供应链之间的竞争。供应链金融和结构性贸易融资在国际贸易融资中逐渐运用起来。

二者都属于金融机构的信贷项目，可以面向中小企业提供融资服务。供应链金融在融资授信时重点关注供应链上的核心企业信用，面向整条供应链提供融资服务，包括上下游的中小企业。结构性融资在授信时更加重视供应链上下游的耦合强度，着眼于项目本身而非企业的历史信用，面向贸易全流程提供个性化的定制融资方案。供应链金融既可以是结构性融资，也可以是非结构性融资。从未来的发展趋势看，最有效的融资方式是供应链金融与结构性融资的结合。供应链金融需要结构性的方案设计，结合供应链的实际情况通过运用多种融资方式，为供应链条整体提供个性化解决方案。结构性融资可以使供应链金融从本质上区别于传统授信，使供应链融资同时满足多种授信理念的融合。

第四章　国际贸易发展战略的绿色化导向

当前，国际贸易已经明确了绿色化的发展战略，本章基于国际贸易与环境保护的关系分析了国际贸易发展战略的绿色化导向，阐述了包括产业、贸易、消费、财税、信贷、外汇等方面的绿色政策体系对国际贸易绿色化发展的助力作用以及环保产业成为国际贸易发展重点的趋势。

第一节　国际贸易发展与环境保护

一、国际贸易与环境保护的关系

国际贸易与环境保护之间既存在相互促进的关系，也存在相互制约的关系，特别是绿色贸易壁垒已经成为国际贸易与环境保护冲突的焦点[1]。

（一）国际贸易与环境保护相互促进

1. 环境保护促进国际贸易健康发展

国际贸易政策有自由贸易与贸易保护之分，两者分别代表了世界各国的外贸姿态。自由贸易指采取无为而治的态度对待国际贸易，而贸易保护则指各个国家从自身国情出发，综合考虑社会就业情况、国内产业发展情况、环境保护等因素采取限制进口以保护本国商品的外贸措施。环境保护作为其中一个不可忽视的因素，直接对国际贸易产生引导效应，能够引导国际贸易朝着健康的方向持续发展。将环境保护纳入国际贸易发展的考虑因素和评价指标中，对国际贸易产品结构、产品竞争力、产业链条都有着积极的影响。

---

① 李雨薇,魏彦杰.国际贸易与环境保护的关系研究[J].青岛大学学报（自然科学版),2018,31(3):129-132.

（1）对环保产品的追求可以优化国际贸易产品结构。当前环保意识深入各国民众内心，很多消费者在选购商品时都会优先选择绿色环保的商品，因此环保产品在外贸产品结构中具有相当大的市场潜力。有需要就会有供给，这是市场的自然规律，为了迎合消费者的需求，占领更多的市场份额，商品出口中该类环保产品的比重就会大幅提升，在很大程度上改变国际贸易的产品结构。

（2）更高的环保标准带来更大的国际贸易竞争能力。提倡环境保护会对国际贸易产品提出更高的环保标准，促使企业开发出符合环保要求的绿色产品。当生产的标准提高，产品的质量也会相应提高，有利于塑造产品的品牌形象，提高产品在国际贸易中的竞争能力。

（3）环境保护可以重塑国际贸易的产业链条。对环保的追求可以体现在国际贸易产业链条的各个环节，形成绿色需求、绿色设计、绿色包装、绿色生产、绿色价格、绿色营销、绿色消费的产业链条。产品制造企业优先采用绿色能源，提高生产效率，充分利用资源进行生产。产品的包装也要符合环保要求，拒绝过度包装，给环境造成负担。环境保护要求企业使用更低的营销成本，减少不必要的营销浪费，甚至在出口环节还会根据要求提高产品出口门槛。

总而言之，环境保护从各个维度引导国际贸易朝着更低的能耗、更高的效率、更优的质量持续迈进。

2.国际贸易促进环境质量改善

国际贸易带来商品、技术、劳务等资源在世界范围内的流动，在优化资源配置、降低环保成本、促进环保技术和产品的传播与应用等方面都发挥着重要的作用。

（1）开放的国际贸易体系可以实现世界资源的最优配置。在世界资源水平一定的条件下，各国根据资源优势进行生产可以让各类资源发挥出最大效用，然后通过国际贸易进行商品交换，可以让相同的资源带来更高的收益。参与国际贸易的各个国家都能从中获益，从而改善各国人民生活。当人民生活富足，社会才会关心环境的问题，国家也具备了改善环境的能力，从而实现环境质量的改善。

（2）国际贸易的发展降低了环保成本。国际贸易的发展进一步深化了国际分工，使各国专注于优势产业的生产，当生产达到一定规模，就能充分发挥规模效应，摊平生产成本，这一效应可以应用在环保设备的使用方面。环保设备的生产成本一般都相对较高，如果生产规模不足，企业根本无力安装；或者安装之后产品成本提高、价格上升，消费者无法负担环保成本就会导致产品滞销。如果国际分工进一步细化，各国的制造企业的生产规模得到提升，就能够摊平环保设备的固定成本，并最终反映到产品价格中，这样消费者就愿意并且能够为环保产品买单。如果没有国际贸易，仅仅通过国内需求拉动环保产品的生产就会动力不足，无法发挥规模效应，环保产品就会失去价格优势，不被市场所接受。

（3）国际贸易促进环保技术和产品的传播与应用。技术也是国际贸易的资源之一，国际贸易使新型环保技术在世界范围内快速传播，技术研发国家可以从中获益，从而在技术研发方面拥有更多的资本投入；而技术需求国家通过引进环保技术改善了国内的环境质量，如空气净化器、污水处理设备等环保技术产品的引入会对环境产生直接的正面影响。

（二）国际贸易与环境保护相互制约

尽管国际贸易与环境保护可以相互促进，但是矛盾具有普遍性，国际贸易与环境保护也存在相互制约的关系。

从空间和时间两个角度来分析，参与国际贸易的不同国家和地区、同一国家在国际贸易的不同发展阶段都会与环境保护存在矛盾，尤其是参与国际贸易的发展中国家和发达国家的国际贸易发展初期，由于外贸对经济的拉动作用明显，其多采用以牺牲环境为代价的方式进行粗犷式生产，单纯以贸易规模作为衡量外贸发展水平的绝对性指标，而忽略了发展质量问题，这就造成了国际贸易对环境的破坏。在这种情况下，外贸发展速度越快、规模越大，生态环境恶化程度越高。自然资源过度开发后供应不足，但此时初级产品在国际贸易产品结构中占据着较大比重，导致企业进一步掠夺资源进行生产，环境质量越来越差，陷入一个恶性循环。这就是国际贸易为环境带来的负面影响。

不同国家在不同的发展阶段的环保标准不同，这时就有一些环保标准高的国家将污染性强的产业向环保标准低的国家转移，以此来实现收入和环保之间的良性循环。但对于接收高污染产业转移的国家来说，就很难跳出恶性循环，因为没有其他国家可以转移。我国在发展初期成为世界工厂正是基于这种情况，不过我们及时转变了发展理念，将环保标准提高，拒绝继续牺牲环境来发展经济和贸易。但是，提高环保标准必然意味着放弃部分国际贸易收益，这在一定程度上制约了国际贸易的发展。

（三）国际贸易与环境保护的平衡

鉴于国际贸易与环境保护之间存在的矛盾，而当前国际上并没有科学完善的治理体系，因此，针对国际贸易带来的环境治理问题，很大程度上只能依靠各个国家和地区的自我调节。例如，我国从 2017 年起，针对高耗能、高污染、资源性的产品征收 10%~25% 不等的出口关税，成为世界上第一个因为环境问题而征收出口关税的国家。但也有很多国家在这种形势下采用绿色贸易壁垒的手段来平衡贸易和环境的关系。

绿色贸易壁垒是指在国际贸易活动中，进口国以保护自然资源、生态环境和人类健康为由而制定的一系列限制进口的措施。在环境问题日益严重的当下，部分国家对进出口产品设定一定的贸易壁垒是无可厚非的，但存在部分国家假借环境保护的名义，蓄意制定一系列苛刻的、高于国际公认的或绝大多数国家不能接受的环保标准，限制或禁止外国商品的进口，从而达到贸易保护目的的情况。因此，要实现国际贸易与环境保护的平衡，不能单纯依靠绿色贸易壁垒，还要借助国际社会的力量和技术的作用。

环境保护是一个世界性的问题，单一国家的环保政策无法解决全球的环境难题，世界各国对国际社会合作的呼声越来越高，越来越认同需要采取一定的措施来改变生产方式、消费方式以及贸易方式，实现国际贸易的持续健康发展。例如，在《实施动植物卫生检疫措施协议》《农业协定》《与贸易有关的知识产权协议》等协议中都有关于国际贸易与环境保护的相关规定，这些协议释放出国际贸易与环境保护协同发展的信号，引导世界各国走向清洁生产、绿色贸易的道路。除了国际社会的协作，技术在平衡国际贸易和环境保护的关系时具有很大的作用。例如，跨境电商的发展，繁荣的电子商务在很大程度上提高了国际贸易的交易效率，减少了不必要的资源浪费，是发展绿色贸易的重要途径。

总体而言，要想平衡国际贸易与环境保护的关系，必须制定以绿色发展为导向的国际贸易发展战略，构建绿色贸易发展体系，积极应对国际上的绿色贸易壁垒，实现国际贸易与环境保护的协同发展①。

二、国际贸易绿色发展战略

（一）绿色发展理念在我国的历史演进

绿色发展理念从建国初期就深植于我国的发展规划中。早在 1956 年我国就提出了"绿化祖国"的发展口号，这是新中国成立以来首次提出的绿色发展理念，并成为了我国社会主义建设的战略目标和行动指南。在这一时期，我国已经正式将空气、森林、矿产等资源作为发展的要素，这一点与要素禀赋理论十分契合，形成了我国绿色发展战略的早期认知。

绿色化发展战略的进一步深化是在 2003 年，我国正式提出"科学发展观"，强调"坚持以人为本，树立全面、协调、可持续的发展观"，这代表了绿色发展理念与我国经济发展进程的同步演进，我国开始更深入地审视经贸与环保的关系。"科学发展观"是我国基于当时基本国情进行的理性选择，其根本目的是引导人与自然的和谐发展，统筹协调人口、资源、环境之间的矛盾关系。这一发展战略为后来的新发展

① 孙萍．论如何实现国际贸易与环境保护的协同发展 [J]．商场现代化，2012(3):9-10.

理念奠定了坚实的理论基础。

2015 年，在中共十八届五中全会上，我国正式提出"创新、协调、绿色、开放、共享"的"五位一体"的新发展理念，"绿色"作为五大发展理念中的一环，是我国基于经济社会发展规律提出的重要发展战略，是对我国未来发展方向的科学总结，也体现了我国对国际责任的担当。"五位一体"的新发展理念将绿色发展理念摆在了核心的位置，明确了我国的发展模式从粗放型转向集约型的重大变化，树立了保护环境、节约资源的目标，提倡绿色生产与文明消费，大力发展循环经济，加快建设资源节约型、环境友好型社会，形成人与自然和谐发展的现代化建设新格局，推进美丽中国建设，为全球生态安全做出新贡献。

2021 年 2 月，国务院印发《关于加快建立健全绿色低碳循环发展经济体系的指导意见》，力图全方位全过程推行绿色规划、绿色生产、绿色生活，确保实现碳达峰、碳中和目标，推动我国绿色发展迈上新台阶，完成建设绿色中国、美丽中国的重要任务。绿色贸易贯穿生产和消费两端，渗透产业和技术，联通国内和国际，对于推动绿色转型具有重要作用。在当前新形势下，发展绿色贸易，符合我国绿色发展理念，有利于提升我国企业的绿色竞争力，构建新型国内产业和国际产业链，有利于为促进国内国际双循环提供助力，促进我国经济与生态的和谐绿色发展[①]。

（二）绿色贸易发展策略

绿色贸易充分契合我国的绿色发展理念，绿色贸易的发展水平已经成为衡量一个国家或地区国际贸易竞争能力的重要指标。要想实现绿色贸易的快速发展，就必须构建绿色贸易体系。加强对绿色、低碳、循环等理念的宣传，促进企业和个人向绿色生产、绿色消费靠拢；大力扶持绿色技术的研发，以科技创新带动绿色贸易体系的建设，将绿色贸易发展成我国的优势产业，以便在国际分工中快速占领

---

① 刘颖,黄日星,张涛.国际贸易绿色发展新趋势[J].中国商界,2010(2):162.

市场份额。

在构建绿色贸易体系的过程中，如果将各个要点串联起来就会发现，政策服务和国际贸易生态化是两个重要的切入点。

（1）政策服务方面。任何发展措施都离不开国家政策的支持，通过宏观调控可以将国内的资源整合起来集中发力，为国际贸易的绿色化发展提供坚实的基础。为了适应目前的市场形势，必须构建以知识为中心、以生态为依托的绿色政策体系，创新市场化与生态化相结合的国际贸易发展模式。具体而言，一方面要形成包含产业政策、贸易政策、消费政策、财税政策、信贷政策、外汇政策的全面的绿色贸易政策支持体系，确保企业在生产过程中可以充分借助国家的政策扶持，通过发展绿色基金、绿色贷款、绿色债券、绿色融资租赁等多渠道的融资方式，激励绿色技术创新。另一方面，要落实政策体系的执行，通过绿色激励和约束机制，确保企业在生产的每个环节都能充分考虑环境因素，为企业绿色可持续发展提供有力保障，摆脱经济发展与环境保护相矛盾的困境。

（2）国际贸易生态化方面。在全球范围内，生态化建设是贸易与环境均衡发展的一种体现。在国际贸易的各个环节中融入环保和生态的理念，可以重新塑造国际贸易的产业链，根据循环经济的发展要求，将绿色生产作为切入点，利用环保技术将环境保护与绿色可再生行业相结合，可以实现从能源与原材料选用到产品研发、生产、运输、储藏、流通、销售、回收处理再利用的各阶段的全生命周期的环境管理，将对环境的负面影响降到最低，构建绿色产业价值链，形成独特的国际竞争优势。在整个重塑过程中，绿色技术创新是绿色生产和绿色贸易的驱动核心，绿色设计、绿色制造、绿色包装、绿色物流共同构成绿色技术创新的要素。绿色生产包括原材料采购、生产工艺流程、加工制造设备、产品包装和物流营销等多个方面，旨在有效地减少和消除在生产过程以及产品与服务对环境造成的负面影响。因此，环保产业成为国际贸易发展的重点产业，对于促进国际贸易生态化建设具有重要的作用。

总之，发展绿色贸易有利于促进我国生产与外贸的高质量协同发展，提高绿色竞争能力，促进能源结构的绿色化。相关企业应大力推进传统能源减排改造和重点行业能源利用效率提升，向新能源和清洁能源转型，促进规模化氢能、储能、碳捕集利用和封存等技术而发展，推进绿色低碳技术研发及成果转化应用，这对扩大生产规模，促进产业结构优化具有重要的意义。通过对绿色产品的加工与销售，可以使我国的绿色技术和绿色贸易产业链得到进一步的发展，从而推动整个产业结构的调整，助力我国经济社会发展全面绿色转型，在全球范围内树立起绿色发展的标杆，提高我国在国际经济体系中的综合竞争力。

第二节　政策体系助力国际贸易绿色化发展

国际贸易绿色化发展离不开国家政策的支持，要充分发挥政策的支持作用就必须优化政策内容并完善政策体系。目前，我国已经在产业、贸易、消费、财政、信贷、外汇等方面发布了绿色化发展政策，为外贸产业提供了完善的政策指引，并在政策实践角度对执行力、约束力以及协调性进行了优化，搭配相关的制度保障，全面助力国际贸易的绿色发展。

一、我国绿色政策体系

为推进国际贸易绿色化发展，我国近年来在多个维度推出了一系列相关政策，采取各种切实有效的措施助力产业转型，发展绿色消费，倡导绿色贸易，全面支持节能环保工作和生态文明建设。

（一）产业政策

回顾我国绿色产业政策的历史脉络，大致可分为四个阶段，如图 4-1 所示。可以看出我国绿色产业政策从注重产业规模到关注发展质量、从单纯的行政手段到行政手段与市场化手段相结合的转变。

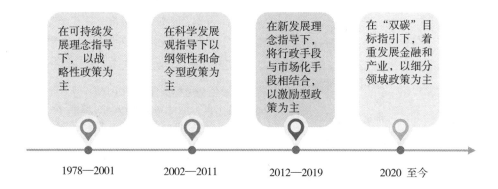

图 4-1 我国绿色产业政策历史脉络

我国产业政策分为纲领性政策和细分领域政策。纲领性政策是从宏观角度出发制定我国绿色产业的发展战略，目前主要的绿色产业纲领性政策包括《中华人民共和国国民经济和社会发展第十四个五年规划和 2035 年远景目标纲要》《关于加快建立健全绿色低碳循环发展经济体系的指导意见》《绿色产业指导目录（2019 年版）》以及《2030 年前碳达峰行动方案》，这些政策构成了我国未来产业政策的基础。

细分领域政策指针对具体的产业进行绿色发展的指导，目前大体可分为产业转型、能源供应和固碳三个领域，如表 4-1 所示。

表 4-1　我国绿色产业细分领域政策体系

领域	重点产业	政策着力点	主要政策文件
产业转型	工业	绿色生产制造 污染防治 加强资源综合利用	《中国制造 2025》 《工业绿色发展规划（2016—2020 年）》 《绿色制造工程实施指南（2016—2020 年）》
	建筑	绿色施工 绿色建材	《绿色建筑评价标准》 《绿色建筑行动方案》 《"十四五"建筑节能与绿色建筑发展规划》
	交通	结构性节能减排： 制定绿色交通标准 推进绿色交通发展 提倡绿色出行	《绿色交通标准体系（2016 年）》 《绿色出行行动计划（2019—2022 年）》 《绿色出行创建行动方案》
		管理型节能减排： 船舶排放和水域污染	《船舶与港口污染防治专项行动实施方案(2015—2020 年）》 《珠三角、长三角、环渤海（京津冀）水域船舶排放控制区实施方案》 《内河航道绿色建设技术指南》
		技术节能减排： 新能源汽车	《节能与新能源汽车产业发展规划（2012—2020 年）》 《新能源汽车产业发展规划（2021—2035 年）》
能源供应	光伏	以激励、补贴为主	《国务院关于促进光伏产业健康发展的若干意见》 《关于 2020 年光伏发电上网电价政策有关事项的通知》
	风电	鼓励行业发展 并网消纳 升级优化	《关于资源综合利用及其他产品增值税政策的通知》 《能源发展战略行动计划（2014—2020 年）》 《风电发展"十三五"规划》
固碳	技术固碳	鼓励技术研发与应用	《"十二五"国家碳捕集利用与封存科技发展专项规划》 《二氧化碳捕集、利用与封存环境风险评估技术指南（试行）》 《中国碳捕集利用与封存技术发展路线图（2019版）》
	生态固碳	科学绿化	《关于积极推进大规模国土绿化行动的意见》 《关于科学绿化的指导意见》

产业政策是促进绿色发展的主要力量，发展绿色产业离不开政策的引导。目前，我国绿色产业的相关政策尚处于起步阶段，尽管已经有一些纲领性文件作为依据，但是细分领域的产业政策分布比较分散，精细化的程度也需要进一步加强。随着我国绿色产业的不断发展壮大，具体的指导计划逐渐地落地执行，实现产业发展的协同进步。无论是宏观的产业政策还是微观的产业政策，都会对我国的产业转型、能源结构的优化、生态环境的建设起到正面的作用。

（二）贸易政策

我国绿色贸易的相关政策经历了长时间的演化，如表 4-2 所示。

表 4-2　我国绿色贸易相关政策

年份	政策文件	相关内容
2011	《国家环境保护"十二五"规划》	推动开展绿色贸易，应对贸易环境壁垒
2012	《关于加快转变外贸发展方式的指导意见》	积极应对国外技术性贸易措施和"碳关税"等绿色贸易措施
2015	《中国（天津）自由贸易试验区总体方案》	探索建立绿色供应链管理体系，鼓励开展绿色贸易
2016	《"十三五"生态环境保护规划》	建立健全绿色投资与绿色贸易管理制度体系，落实对外投资合作环境保护指南
2019	《中共中央 国务院关于推进贸易高质量发展的指导意见》	发展绿色贸易，严格控制高污染、高耗能产品进出口，鼓励企业进行绿色设计和制造，构建绿色技术支撑体系和供应链，并采用国际先进环保标准，获得节能、低碳等绿色产品认证，实现可持续发展
2021	《中共中央 国务院关于完整准确全面贯彻新发展理念做好碳达峰碳中和工作的意见》	加快建立绿色贸易体系，持续优化贸易结构，大力发展高质量、高技术、高附加值绿色产品贸易。积极扩大绿色低碳产品、节能环保服务、环境服务等进口
	《"十四五"对外贸易高质量发展规划》	营造绿色贸易发展良好政策环境，建立绿色贸易发展促进政策体系。强化国际环境公约受控物质进出口许可管理

由表 4-2 可以发现，我国早期绿色贸易相关政策的提出主要是为了应对国际上的绿色贸易壁垒，保证对外贸易的正常开展。后期绿色贸易的相关政策着重于贸易与环境的协调发展，在外贸产品结构方面进行了严格的调控，限制高污染、高能耗产品的进出口，鼓励绿色产品的研发与生产。现阶段，绿色贸易相关政策进入了深化阶段，以构建绿色贸易体系为任务。

通过对以上政策的总结，可以从国家层面、行业层面、企业层面、产品层面层层深入，挖掘出我国绿色贸易政策的作用。基于我国绿色贸易政策的引导，在国家层面，我国一直大力推进绿色贸易的国际合作。强化与重点市场之间的绿色贸易交流，积极参加国际绿色贸易法规及标准的制定工作，深化节能环保和清洁能源等行业的国际交流。在行业层面，我国致力于构建一个高水平、高标准、高层次的绿色贸易促进平台，持续推进"绿色展会"的标准化建设，充分发挥进博会、广交会等重大活动的绿色低碳示范引导作用，积极开办碳达峰、碳中和主题展会。在企业层面，我国大力发展高质量、高技术、高附加值的绿色低碳产品贸易，对高耗能、高排放产品出口进行严格的把控，强化国际环境公约受控物质进出口许可管理；指导地方培育低碳贸易双循环企业和骨干外贸企业，支持绿色低碳贸易主体的成长与发展。在产品层面，我国正在推进绿色贸易标准和认证体系的建立，完善绿色标准、认证、标识体系建设，促进国际合作和互认机制构建，推动国内国际绿色低碳贸易规则、机制的对接；探索建立外贸产品全生命周期碳足迹追踪体系，鼓励引导外贸企业推进产品绿色环保转型。

（三）消费政策

2016 年，国家发展改革委等十部门发布了《关于促进绿色消费的指导意见》，其中明确提出，"绿色消费"是指崇尚勤俭节约，减少损失浪费，选择高效、环保的产品和服务、降低消费过程中的资源消耗和污染排放，具有节约资源、保护环境的特征。2022 年 1 月，国家发展改革委等七部门印发了《促进绿色消费实施方案》，系统设计了促进绿色消费的制度政策体系，包括全面促进重点领域消费绿色转型、强化绿色消费科技和服务支撑、建立健全绿色消费制度保障体系、完善绿色消费激励约束政策四大方面 22 项重点任务和政策措施。

未来，我国将持续推进《促进绿色消费实施方案》的落实。一方面，扩大绿色低碳产品的供给和消费，全面推广绿色低碳建材，继续支持新能源汽车消费，鼓励地方开展绿色智能家电下乡和以旧换新等活动；另一方面，倡导简约适度、绿色低碳、文明健康的生活方式和消费模式，让绿色消费成为新的时尚，增强全民的资源节约意识，深入开展"光盘行动"等粮食节约活动，推进商品包装和流通环节包装绿色化、减量化和循环化，强化废旧物资循环利用。特别是在新能源汽车方面，国家将进一步支持新能源汽车的发展，扩大二手车的流通。

在政策引导下，社会各界对绿色消费的认知程度逐渐增强，绿色消费商品和服务日益多样化，绿色产品消费规模也呈现持续、快速扩张之势。随着政策的集中发力，更大的绿色消费市场空间有望加速开启。

在家电市场，无论是传统的线下实体卖场还是如今日益兴起的网络购物平台，都在大力推广家电"以旧换新"的活动，通过"以旧换新补贴"和"节能补贴"的双重福利，带动消费者选购绿色家电。以郑州市为例，郑州市于 2022 年 3 月开始进行为期 3 个多月的"绿色消费 低碳生活"绿色家电以旧换新活动，消费者在活动期间交售旧家电，并在参与活动的商家处购买补贴范围内的新家电时，可享受家电以旧换新补贴。补贴标准按购买单件新家电实际成交价格（不得低于 1000 元，不含旧家电回收折价和商家折扣）的 20% 给予补贴，补贴每台最高不超过 500 元。每个人最多可换购 5 台，每个单位最多可换购 50 台，交售旧家电与购买新家电的购买人必须一致。补贴产品范围包括空调、电视机、电冰箱（含冰柜）、洗衣机、烟机、灶具、热水器、净水机、空气净化器、电脑共 10 类，补贴对象为郑州市区内常住居民及机关、企业、事业单位工作人员。消费者交售的旧家电应保证机壳、线路板、供电电源等主要部件齐全，企业销售的新家电要符合国家有关节能、安全、环保等标准要求。同时，家电以旧换新补贴不得与政府家电消费券叠加使用，但可与销售商家提供的打折、减免券叠加使用。该活动受到郑州商务局监督，参与活动的商家要加强经营管理，按照市场正常价格销售家电，严把进货关，不得出现假冒伪劣、以次充好等行为；销售时要正常开具发票，存档备查；做好售后服务，妥善处理消费者投诉。同时，严禁活动参与各方以虚假销售、虚假回收等方式套取家电以旧换新补贴。对有以上行为的单位和个人，将取消其活动参与资格；涉嫌违法的，将依法追究法律责任。

在新能源汽车市场，也有很多地方采取补贴的方式吸引消费者选购新能源汽车。以长沙市为例，2022 年 4 月 30 日，由长沙市商务局、中共长沙市芙蓉区委员会、长沙市芙蓉区人民政府主办，长沙市芙蓉区商务局承办的 2022 长沙市芙蓉区新能源汽车消费节在 IFS 国金中心启动。活动期间在指定门店购买六大品牌新能源汽车，可享受每台 1000~2000 元的消费券补贴，名额有限，先到先得。后续还举办了多种形式的活动，丰富了市民闲暇生活，营造了全市的绿色消费氛围，引导广大公众树立绿色生态文明理念，践行低碳生活方式。本届长沙市芙蓉区新能源汽车消费节以"低碳能源，智芙蓉"为主题，旨在贯彻落实党中央、国务院"畅通国内国际大循环""碳达峰碳中和"战略决策，积极响应构建绿色低碳循环发展经济体系，促进经济社会全面绿色转型的号召。真正实现了让利于民，释放了绿色消费潜力，是我国地方促进绿色消费活动的典型。

尽管我国绿色消费促进工作已取得积极进展，但绿色消费需求仍待激发和释放。一些领域依然存在浪费和不合理消费的现象，促进绿色消费长效机制仍需完善，政府需要从供需两侧出发，出台政策工具包，采用倡导、约束、激励、支撑、示范等多种方式，协同培育绿色低碳消费，引领消费模式转型。

（四）财政政策

绿色财政就是把绿色发展思想引入财政体系的设计之中，通过调整、改革传统的财政政策，更好地适应和促进绿色发展。与绿色发展相结合的财政体系，既具有一般的财政功能，又具有节约资源和生态保育的管理功能。

与传统的财政机制一样，绿色财政的作用是以收支为基础，实现绿色发展。收入方面主要包括绿色税收、绿色国债等方式，支出方面主要包括政府绿色采购、绿色转移支付等方式。我国国有资产规模庞大，可以通过对国有资产进行有效的管理，进而引导和推动企业的绿色发展。

此外，绿色财政在促进节约资源、减少污染、恢复生态等方面起到了积极的作用。例如，通过对高消耗高污染行业征收高额税费以达到节约资源、减少污染的目的，从源头控制污染；为提高治污效率，实行差别税率和财政补贴等政策；为鼓励节约资源和保护环境，对环境友好型产业给予贴息贷款、减税免税等优惠，对在节能资源和保护环境方面做出重要贡献的地区实施绿色财政转移支付。

绿色财政离不开绿色税收，税收是国家调控经济运行的重要手段，良好的税收营商环境不仅能给市场主体带来信心和活力，也能为经济发展源源不断地输送动能。近年来，出口退税、减税降费、优化服务等一系列政策"组合拳"，持续推动税收营商环境的优化，为稳外贸贡献了税务力量。随着出口退税新系统的不断优化，出口退税速度和便利度得到持续提升，为外贸企业畅通资金链、强化产业链、提升服务链提供了有力支持；制造业研发费用加计扣除政策和阶段性缓缴税费政策有效缓解了企业资金压力，激发了企业创新动力，对支持外贸进出口高质量发展发挥了重要作用；跨境电商"无票免税"、外贸综合服务企业代办退税等政策措施有力支持了外贸新业态新模式的创新发展，已成为推动外贸转型升级和高质量发展的新动能。

税收作为国家财政的重要组成部分，在国家治理中发挥着基础性、支柱性、保障性的作用。"税动力"推动外贸高质量发展，既有直接降低企业税负的减免税款，也有间接降低税收成本的加计扣除，还有提升办税效率的征管改革、优化服务。减免退税等政策能够有针对性地为企业纾困解难，即期降低企业负担，增加企业现金流，从而缓解资金压力，提振发展信心。研发费用加计扣除、加速折旧等政策则具有促进社会主体创新的导向作用，激励企业增加研发投入，提高自主创新能力，增强产品国际竞争力，从长远看可加快外贸企业转型升级步伐，抢抓全球产业链供应链重构契机，推动构建新发展格局。积极发挥不同政策的作用，还将给市场主体带来更多的获得感。例如，对于市场抗风险能力相对较弱的中小微外贸企业，外贸综合服务企业代办退税管理办法减轻了办税负担，减税降费的快速兑现为其出口转内销提供了资金支持，助力其渡难关、拓市场、稳订单，增强了抵御市场风险的能力。

我国的"绿色税收"制度体系正在逐步建立及完善，绿色税收政策的典型代表就是成品油税费改革。成品油税费改革是我国对税收制度的完善，正向推进了资源性商品价格改革，加快了充分体现市场供求关系、资源稀缺程度和环境损害成本的价格形成机制的建立。"污染者付费"是一项公平的原则，不仅可以区分发达国家与发展中国家对气候变化的不同责任，还可以使这样的责任形成法律，对纠正人们的行为起到促进作用。而成品油税费改革正反映了这种价值取向，也迎合了社会各界对运用税收手段抑制不合理燃油消费的呼声。我国建立完善的成品油价格形成机制和规范的交通税费制度，能促进节能减排和结构调整，是公平负担、依法筹措交通基础设施维护和建设资金的重大举措，充分反映了我国政府推动发展模式转型的坚定决心，促进了决策科学化、民主化和专业化，是一次保持公共政策的渐进性、连续性和稳定性的有益尝试，也是我国政府决策机制变革的一项成功范例。

尽管我国绿色税收制度已经取得一定的成效，但其相关法律政策主要规制的还是域内及管辖海域的污染排放问题。关税作为调节产业

结构和对外贸易结构的重要一环，却并未发挥应有的生态环境保护的
"绿色"职能作用、保护生态环境及绿色发展理念尚未融入现行的关税
法律制度，具有环保效果的税收条款散见于各项法律规定中，不成系
统，这无疑会成为我国"绿色税收"制度体系的一块短板，会对我国
生态环境和资源保护产生直接的损害与威胁。因此，将"绿色环保"
思想融入海关税收法律制度，将关税"绿色化"已成为一个亟待解决
的命题。要解决这一问题，必须持续推动优化我国绿色关税政策体系，
引导重点产业转型升级。通过推动优化关税结构、采用差别性的出口
退税等绿色关税政策，引导产业绿色升级，指导企业用足用好各项税
收优惠政策，充分运用海关特殊监管区域等政策优势，打造"绿色高
地"，鼓励加工贸易转型升级和梯度转移。

（五）信贷政策

绿色信贷是实现国际贸易绿色化发展的重要支撑，我国绿色信贷
政策标准已经逐步完善。2007 年 7 月，环保总局、央行、原银监会
（现银保监会）联合发布了《关于落实环保政策法规防范信贷风险的意
见》，标志着绿色信贷首次在我国被提出。此后，我国绿色信贷的发展
经历了快速发展与政策完善阶段。此后两年，《节能减排授信工作指导
意见》《关于进一步做好金融服务支持重点产业调整振兴和抑制部分行
业产能过剩的指导意见》陆续出台，鼓励金融机构加强绿色信贷管理。
绿色信贷政策不断完善，2012 年出台的《绿色信贷指引》《银行业金
融机构绩效考评监管指引》等一系列政策确定了中国绿色信贷政策体
系的框架，为境内银行业金融机构发展绿色信贷奠定了基础。2016 年
以来，随着绿色金融的概念不断被提及，央行又陆续发布《中国人民
银行关于建立绿色贷款专项统计制度的通知》《中国人民银行关于开展
银行业存款类金融机构绿色信贷业绩评价的通知》《银行业金融机构绿
色金融评价方案》，使绿色信贷业绩评价进一步加强，绿色信贷进一步
发展。

以中国进出口银行为例，中国进出口银行经过多年发展，已经构

建出以绿色信贷为主体，以绿色基金、绿色咨询、绿色债券为补充的多元化金融产品体系。通过节能环保贷款、转型升级贷款等绿色信贷产品，中国进出口银行支持的锂离子动力与储能电池生产等项目有力带动了绿色贸易双向发展。中国进出口银行向外贸企业提供全流程服务，扩大了进口专项额度。具体可以从三个角度来说。一是大力支持绿色产品进口。优先支持生产过程及自身节能、节水、低污染、低毒、可再生、可回收的高质量、高附加值的绿色产品进口。二是重点强化进口对国内产业绿色转型升级的支持作用。通过绿色贸易推动重点行业减污降碳，特别是能源领域构建清洁体系、工业领域推进绿色制造、建筑领域推广节能改造、交通领域实现低碳运输等。借助进博会平台，优先支持能够打通这些领域绿色产业链、供应链堵点与难点的技术、设备和原材料进口。三是进一步优化完善内部机制和企业评价体系，有机融入低碳、绿色、环保理念。在中长期发展规划、信贷制度建设、流程管理、业务创新等各个环节，加强环境和社会风险防控。将环境、社会、公司治理（ESG）理念纳入企业的评价标准，实现经济效益、社会效益、生态效益同步提升。中国进出口银行抓住了绿色贸易带来的新机遇、新动能，着重发挥了政策性金融的引领与示范作用。

（六）外汇政策

2020年，国家外汇管理局印发《国家外汇管理局关于支持贸易新业态发展的通知》。近年来，我国出台了一系列支持对外贸易的政策来鼓励跨境电商、市场采购贸易、外贸综合服务等新型外贸业态的发展。目前，推动贸易新业态的发展已经成为培育贸易竞争能力的新优势，有利于推动贸易高质量发展。与传统的贸易方式相比，新型的贸易业态多样化和线上交易方式的高频化，对金融服务的效率和便利性提出了更高的要求。

我国外汇政策主要集中在解决新业态中"小额、高频、电子化"交易带来的结算不便的问题上。在政策设计上，遵循"鼓励创新、包容审慎"的原则，充分了解贸易新业态发展的显示需求。在"服务实体、便利开放、交易留痕、风险可控"的要求下，放宽贸易新业态外汇政策，优化外汇服务，为相关外汇业务的办理提供便利条件，令交易的便利随着交易的合规持续进步，实现信用约束和分类管理。

我国的外汇政策使贸易新业态的外汇结算方式得到了优化，账户和资金的使用也得到了进一步的拓展，实现了更多的交易业务的在线办理，既减少了交易主体的整体费用，又提高了跨境结算的效率。

在放宽外汇管理方面，我国有五大发展措施：一是为跨境电子商务的出口资金结算提供便利。跨境电商可以将境外的仓储、物流、税收等费用和出口货款轧差结算；二是优化跨境电商税费的跨境代垫流程。企业可为客户跨境代垫相关的仓储、物流、税费等；三是满足个人对外贸易结算需求；个人可通过外汇账户办理跨境电商和市场采购贸易项下外汇结算；四是完善市场采购贸易资金结算。经市场采购贸易平台备案的主体，银行可凭平台信息为其办理委托第三方报关的收结汇业务；五是支持外贸综合服务企业代办出口收汇。符合技术条件的外贸综合服务企业，可通过具备审核交易电子信息能力的银行，为其服务的客户代办出口收汇手续。

在提升外汇服务方面，我国有四项发展措施：一是拓宽贸易新业态结算渠道。支持符合条件的银行凭交易电子信息办理外汇业务；二是便利企业远程办理外汇业务。企业可与外汇局系统直连，实现贸易业务报告、国际收支申报等更多外汇业务网上办理；三是优化小额交易涉外收付款申报。支持企业以自身名义汇总申报小额涉外收支，满足其出口退税、融资的申报需求；四是持续跟踪贸易新业态的创新发展，主动回应市场主体外汇业务的新诉求。

二、我国绿色政策体系完善策略

我国的绿色政策体系已经涉及产业、贸易、消费、财政、信贷、外汇六大方面，在执行过程中取得了一定的成效，未来可以结合创新、协调、开放、共享的理念实现绿色政策体系的完善，促进国际贸易绿色化发展的大步迈进，如图 4-2 所示。

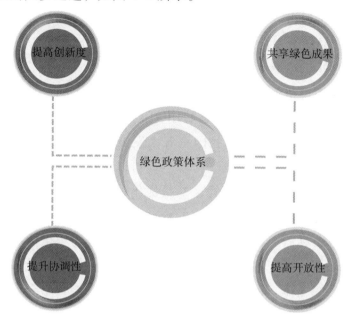

图 4-2　我国绿色政策体系完善策略

（一）提高绿色政策体系的创新度

面对层出不穷的外贸新业态，需要我国不断提高绿色政策体系的创新度，实现绿色政策体系的与时俱进。以跨境电商为例，基于网络平台的跨境电商可以极大地减少国际贸易的交易成本，利用网络平台开展相关贸易活动，减少对自然环境的依赖，在线沟通省去双方线下交流的交通成本，符合低碳经济的要求。因此我国的绿色贸易政策需要在这些领域有所倾斜。具体而言，国家应加大对贸易新业态相关技术开发的支持，鉴于缺乏资金将抑制企业对创新的投资，政府应采取相应政策措施改善融资环境，减少监管负担，鼓励收集、处理和分享数据，同时注意保护信息安全，通过适度干预以提高网络效率及其社会价值，减少违反公平竞争的行为并避免单一技术主导整个市场的发生。

（二）提升绿色政策体系的协调性

协调完善的政策体系是实现国际贸易绿色化发展的重要保障，尽管绿色发展理念已经成为我国的重点发展方向，在绿色发展理念的引导下，我国绿色政策体系多方布局，但各领域之间的协调性和中央与地方的协调性都有待提升。例如，光伏发电产业是能源部门的重点发展产业，国家早期给予了大量的政策性补贴，但长期发展下来，补贴力度已经超出财政负担范围，需要进行量化沟通。还有新能源汽车行业，我国鼓励绿色消费，国家在新能源汽车领域政策频出，但由于各地方实际发展情况不同，部分地区缺乏落实，特别是经济发展相对落后的地区，更注重发展能够快速拉动经济、解决就业的行业，对短期内看不到成效的绿色产业发展动力不足。因此，提高绿色政策体系的协调性十分必要。

在具体实施时，首先，政府需要充分考虑各部门之间的配合，如提高环保部门与金融机构之间的协作，在国家扶持绿色外贸企业发展的同时，金融机构也可以降低绿色信贷的门槛。注意明确各部门的监管职责，避免出现监管交叉或监管真空的现象。其次，在确定宏观的发展政策后，各地区需要结合自身发展情况制定出相应的具体的落实政策，并允许地区之间发展差异的存在。最后，还需要完善配套的制度体系，建立统一的行业标准，进行统一的基础设置建设，减少政策推进的阻碍。形成统一的环境质量评价体系、能效和环保标识认证制度、资源生态红线制度等，为绿色政策体系的执行确立清晰的实施标准。

（三）提高绿色政策体系的开放性

提高绿色政策体系的开发性就是要加强国际合作。加强国际合作在促进国际贸易绿色化发展方面发挥着重要作用，有助于减少国家政策的负面溢出效应，如扭曲贸易、转移投资或刺激不公平竞争等。通过国际合作还可以增强各国之间对绿色政策的共同理解，有助于防止贸易紧张和摩擦事件的发生，从而为创新、投资和跨境商业繁荣奠定更坚实的基础。

具体来说，我国可以从以下三方面加强国际合作与交流。一是积极参与国际气候谈判。坚持公平、共同但有区别的责任和各自能力原则，积极参与气候领域多边进程，与各方加强沟通对话，推动全球气候治理体系建设。二是积极参与国际对话交流与合作。在绿色技术研发、低碳产业布局以及气候金融等领域加强国际沟通与合作，鼓励引导国内外企业开展双边合作和交流培训等。三是积极参与和引领全球环境治理，帮助发展中国家提高绿色发展能力，为发展中国家在资金、技术、能力建设等方面提供支持。

（四）共享绿色政策体系的实施成果

如今，绿色低碳理念已经深入工业制造、居民消费生活的各个方面，推动绿色消费、共享健康生活方式是绿色贸易带给每一位消费者的真实生活体验。2021年1月，第四届中国国际进口博览会在国家会展中心（上海）开启。在进博会上，众多企业力推绿色产品，展示绿色技术、绿色方案。这说明绿色政策体系的发展成果已经应用到各个领域，包括普通消费者使用的支持快洗模式的节水节能洗衣凝珠、多款用可再生原材料制成的洗发护发用品等，日常生活的小细节也蕴含着绿色环保的发展成果。

和谐共生，绿色永续。绿色循环低碳发展，是当今时代国际贸易的重要发展方向。我国坚定不移地走生态优先、绿色低碳发展道路，为推动更加强劲、绿色、健康的国际贸易发展注入更多动能，实现发展成果由人民共享，不断促进各种绿色消费品走进千家万户。

第三节　环保产业成为国际贸易发展的重点

近年来，我国十分注重环境保护，多次提及扎实做好碳达峰、碳中和等各项工作，并制定了《2030 年前碳达峰行动方案》，可以说发展绿色产业将是我国未来几十年的重要方针。在这种趋势下，环保产业成为了国际贸易发展的重点。

一、我国环保产业发展概况

绿色发展带来新机遇。为了应对气候变化、实行环境保护，世界主要经济体纷纷实施绿色新政、发展绿色经济，绿色环保产业正成为最具发展潜力的新兴产业之一。我国环保产业起步于 20 世纪 70 年代，环保产业所涉及的领域非常广阔，如大气污染防治、水污染防治、固体废物处理处置与资源化，环境监测等，这四大方面覆盖了绝大多数的环保产业领域。

近年，我国十分重视环保产业的发展，相关市场规模也在不断地扩大。2022 年 1 月，《中国环保产业发展状况报告（2021）》发布，据统计测算，2020 年全国生态环保产业（环境治理）营业收入约 1.95 万亿元，较 2019 年增长约 7.3%，其中环境服务营业收入约 1.2 万亿元，同比增长约 9.7%。统计范围内水、气、固废、监测、噪声领域环保营业收入同比分别增长 7.4%、2.3%、10.0%、6.9%、9.1%，土壤修复领域环保营业收入同比下降 4.8%。2020 年全国环境治理营业收入总额与国内生产总值（GDP）的比值为 1.9%，较 2011 年增长 1.14 个百分点，对国民经济直接贡献率为 4.5%，较 2011 年增长 3.35 个百分点。生态环保产业从业人员约 320 万人，占全国就业人员总数的 0.43%，比

2011 年提升 0.31 个百分点。预计 2021 年环境治理营业收入规模约达 2.2 万亿元。"十四五"期间预计以 10% 的复合增速不断发展，在 2025 年之前环境治理营业收入方面有望突破 3 万亿元大关。

我国环保产业经历多年的发展，或将迎来新的发展机遇。工业制造离不开石油，但石油作为主要能源存在很大的污染问题，在我国绿色化发展战略驱动下，已经开始减少石油等污染能源的使用，着力提高利用效能，实施可再生能源替代行动，包括水力发电、光伏发电等，可再生绿色资源将成为未来的"核心能源"。随着科技的不断进步和技术的不断升级，环保效率也在不断提升，在当前环保治理化和高端制造业快速发展环境下，环保专用设备制造业整体保持稳定的增长趋势。与此同时，越来越多的中国外贸企业正在积极拥抱绿色环保新趋势，掌握核心科技，"出海"拥抱新兴市场，大量绿色环保的新产品吸引了各国采购商前来。外贸企业能够以假乱真的环保皮草成为欧洲市场爆款；把可再生 PS 泡沫塑料高效回收加工成艺术相框和画框；用旧报纸代替杞柳制作编织收纳筐；从石油中提炼的化学纤维做成类似动物皮毛的质感，再和面料一起变成一块布，并在表面提花和编织出不同的花样，最后做成款式时髦的服装，用高科技人造纤维替代动物皮毛制作的服装，在手感、材质和保暖度上毫不逊色，价格仅为动物皮草的百分之五左右，受到了时尚环保人士的欢迎，成为网红爆款。

在不懈的努力下，我国环保产业确实取得了不错的成效，尤其是在"双碳"战略目标下，环保产业将迎来良好的发展机会，不少大企业已在积极布局中。想要实现不少专家提及的构建绿色低碳技术产业的目标还有一定的难度，中小企业大都没有过硬的技术支撑和稳定的资金投入保障，大企业此时要发挥模范带头作用，积极注入资本，这样才会影响整个行业的发展状况，让行业沿着环保绿色的正确方向不断前行。

从外部环境看，环保产业随着国家的支持和行业前景不断被看好，已呈现出百花齐放的良好发展态势。我国经济持续快速发展，城镇化与工业化进程不断深化，对环保产业重视程度不断加深。从内部环境看，我国环保产业目前面临四大发展难题。第一，环保项目不像其他项目一样，可以在收入方面立竿见影，需要其他外部资本的帮助，如政府补助等。所以，如何将环境治理需求向产业市场化方向转变是环保产业首先要解决的。第二，市场价格机制不够完善，投资回报难成正比，外部机构或者社会资本想加入其中较为困难。第三，自主创新能力不强，缺乏基础性、原创性、颠覆性的技术创新，在垃圾渗滤液处理、高盐工业废水处理等领域以及部分关键设备、功能材料、核心部件、高端装备仪器等方面存在短板，急需解决和突破。第四，市场规范性不足，只有强有力的市场规范性才可以提升行业的集中度，有效推进行业发展。

二、国际贸易视角下环保产业发展策略

在国际贸易视角下，环保产业的发展可以从强化宣传引导、优化产业布局、加强国际合作三个角度出发，如图 4-3 所示。

图 4-3　环保产业发展策略

（一）强化宣传引导

从历史规律来看，想要提升全民的环保意识，就必须强化宣传引导，举办多种多样的活动配合引导。在不同的时间节点，针对不同的

受众群体宣传讲授节能环保的新知识和新方法，培养绿色消费的社会风气，将绿色、低碳、环保、节能、文明的新方式、新习惯、新模式拓展开来。国家积极出台绿色认证标准，对符合标准的企业产品授予绿色认证标识，倡导社会和大众消费者尽可能选择绿色环保的产品。鼓励企业实行绿色产品规模化生产和经营，引导公众绿色消费，提高绿色家电、绿色建材、资源综合利用产品、节能环保产品、再生产品等绿色产品的市场占有率。要把氛围铺垫好，需多借助传统和新兴的传播平台，详细解读产业政策，公布项目清单，揭晓产业成效，为节能环保产业绿色高效发展做好宣传与引导。

（二）优化产业布局

我国要坚持精准化、特色化、差异化的发展道路，依托各地区区位优势、资源禀赋和产业基础，遵循节能环保产业分布规律和工业化、城镇化发展趋势，以布局合理、产业集聚、突出特色为原则，进一步优化重点领域的细分布局。围绕节能环保产业的发展特点，大力发展高效节能、先进环保、资源循环利用、节能环保服务业等产业，结合实践，刻骨钻研，攻克技术难题，将国外先进技术引入国内，开拓创新。

在高效节能产业领域，坚持三个方向不动摇，即专业化、规模化、产业化，将自身做大做强，尤其在绿色照明、绿色建材产业、节能电机、节能压缩机和节能电器等方面，不畏艰险，攻坚克难，将科研水平做得更专业，更具规模，向产业化靠拢，增强产品在国际市场中的核心竞争力，让工业绿色发展能够迈上新台阶。

在先进环保产业领域，将核心定为持续改善生态环境质量，把土壤污染防治与生态修复、大气污染防治、水污染防治、生活垃圾及危险废物处理处置等作为重中之重，通过科技的力量，大力改进技术，研发装备，以预防为主，防治结合，推动环保产业防控治理思想由末端治理向源头防控转变。重点支持自然土壤水质、工业污水废气、机动车尾气等环境监测关键元器件、技术、产品和装备研发。加快发展激光诱导探测、臭氧激光雷达、便携式监测等设备和技术。推广传感网技术对电机运行状态监测的应用。支持开发高精度、智能化环保自动控制系统及各种在线检测、数据采集和远程终端控制系统。依托环境大数据平台，重点围绕大气、水、土壤、噪声、固废、辐射、环境监管等领域，开展大气新型污染物、空气环境颗粒物、工业排放气体在线监测计量、水质生物毒性监测、土壤和地下水监测等技术研究。将"互联网+"技术深入融合到在线检测技术中，提升分析技术和软件研发能力，更加人性化、便捷地收集、传输、整理、分析环境数据。

在资源循环利用产业领域，坚持三原则政策，即减量化、无害化、资源化，将水资源综合利用、厨余垃圾资源化利用、再生资源循环利用、大宗工业固体废物综合利用、农林废弃物资源综合利用作为重点推进对象。重点支持开展关键技术、装备引进研发和推广应用。

在节能环保服务业领域，大力发展节能减排投融资、能源审计、清洁生产审核、工程咨询、节能环保产品认证、节能评估等第三方节能环保服务。举办多项环保服务活动，从治理污染和改善环境质量方面入手。树立标杆，让众多具有技术优势和管理经验的大型用能单位牵头开展专业化节能环保服务。

（三）加强国际合作

为推进全球环保产业的发展，我国应与世界各国在贸易、产业、交通、科技、能源等领域加强团结协作。

在环保产业方面，要大力发展无污染能源的应用，如太阳能、风能、潮汐能等，并加大在新能源领域的投入，鼓励企业带着绿色低碳发展的理念走出去，适应时代的发展。激励企业通过多种合作方式开展绿色产业投资，并在境外积极设立聚焦绿色低碳领域的股权投资基金。在贸易方面，以高质量、高技术、高附加值的绿色生态贸易为贸易优化方向，提升节能环保产品和服务的进出口比例。在能源方面，深化绿色清洁能源合作，推动能源国际合作向绿色低碳转型发展。鼓励太阳能发电、风电等企业"走出去"，推动建成一批绿色能源最佳实践项目。深化能源技术装备领域合作，重点围绕高效、低成本、可再生能源发电、先进核电、智能电网、氢能、储能、二氧化碳捕集利用与封存等开展联合研究及交流培训。在交通方面，加强绿色交通领域国际合作，积极推动国际海运和国际航空低碳发展。推广新能源和清洁能源车船等节能低碳型交通工具，推广智能交通中国方案。鼓励企业参与境外铁路电气化升级改造项目，发展多式联运和绿色物流。在科技方面，加强绿色科技攻关和推广应用，强化基础研究和前沿技术布局，加快先进适用技术研发和推广，鼓励企业优先采用低碳、节能、节水、环保的材料与技术工艺。支持在绿色技术领域开展人文交流、联合研究、平台建设等合作，实施面向可持续发展的技术转移专项行动，建设绿色技术储备库，推动绿色科技合作网络与基地的建设。

第五章　国际贸易业务模式的数字化发展

数字技术不断发展，渗透进了国际贸易产业链的各个环节，包括国际贸易方式、国际贸易货款结算、国际贸易货物运输等。本章基于国际贸易发展与技术进步的关系分析了国际贸易业务模式的数字化发展，以跨境电商平台为例介绍了互联网平台在国际贸易交易业务中的应用，以跨境支付为例介绍了区块链技术在国际贸易结算业务中的应用，以跨境物流为例介绍了大数据技术在国际贸易物流业务中的应用。

第一节　国际贸易发展与技术进步

一、国际贸易与技术进步的关系

国际贸易与技术进步相互成就、相辅相成。技术进步是国际贸易的发展动力，推动国际贸易不断做大做强。反过来，国际贸易的发展也会给技术进步带来源源不断的机遇，不断给予技术新的创意和灵感[①]，如图 5-1 所示。

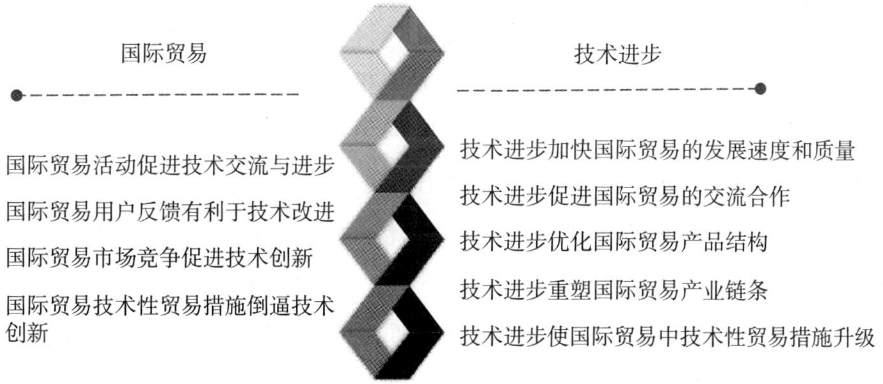

国际贸易

国际贸易活动促进技术交流与进步

国际贸易用户反馈有利于技术改进

国际贸易市场竞争促进技术创新

国际贸易技术性贸易措施倒逼技术创新

技术进步

技术进步加快国际贸易的发展速度和质量

技术进步促进国际贸易的交流合作

技术进步优化国际贸易产品结构

技术进步重塑国际贸易产业链条

技术进步使国际贸易中技术性贸易措施升级

图 5-1　国际贸易与技术进步的关系

---

① 李剑峰. 论技术进步与国际贸易的相互关系 [J]. 经贸实践,2018(7):86-87.

（一）技术进步对国际贸易发展的影响

在国际贸易的发展进程中，技术的重要性不言而喻。技术进步不但影响着国际贸易的发展速度和质量，而且能够促进国际贸易的交流与合作，技术进步不仅能优化国际贸易产品结构，还能重塑国际贸易的产业链条①。不过，技术进步也会使国际贸易中技术性贸易措施升级，给国际贸易增添阻碍。

1.技术进步能够加快国际贸易的发展速度和质量

国际贸易发展的基础之一是国际分工，技术的进步很大程度上促进了国际分工的进一步细化，分工越细、链条越紧密、资源的配置效率就越高，不仅能实现生产速度的加快，还能在很大程度上充分利用资源，促使国际贸易朝着更为合理有序的方向发展。具体来说，当一个国家在某一领域实现了技术突破，这一突破可以应用于生产过程中，实现生产速度的提高或者生产成本的降低，该国就具备了该领域的生产优势。产能大大提高以后，不仅能满足国内需求，还能提供大量产品出口，导致其他国家在该领域的生产失去竞争力，进而将该领域的生产逐渐转移至该国。类似地，其他生产效率低下的产品也逐渐转移至其他具有生产优势的国家进行生产，促进了国际分工细化，形成了规模效应，进一步提高了资源的利用效率，降低了生产成本，促进了国际贸易发展速度和质量的同步提高。过去以牺牲环境为代价的发展模式对资源的利用效率很低，造成了大量的资源浪费并使环境产生了极大的负担，尽管发展速度快，但发展质量不高。而技术进步带来的国际贸易发展不同于以牺牲环境为代价的发展模式，技术进步在生产领域的切入点是对资源的高效利用，包括自然资源和劳动力资源等，在一定程度上减轻了生产对环境的影响，促进了产业结构的优化。例如，农业机械化对生产力的释放，使原本零散分布的农业生产方式转变为集中的专业化生产方式，大幅提高了粮食产量，在满足内需后多余的粮食进入国际贸易市场进行流通，对国际贸易产业结构的调整起

---

① 胡延超.科技进步在国际贸易中的作用分析 [J].中国高新区,2018(12):7.

到了积极的作用，从而推动国际贸易的发展速度与发展质量并行。

2.技术进步能够促进国际贸易的交流合作

技术进步不仅包括生产技术的进步，还有信息技术的发展。在当前互联网信息技术迅速发展的态势下，国际贸易的交流与合作效率大大提高，电子商务的出现是贸易形式的一项重大创新，是技术进步推动国际贸易进步的典型。各个国家或地区通过网络进行即时的交流与沟通，在线完成各种贸易活动、金融活动及其他配套的相关活动，降低了国际贸易的沟通成本，提高了国际贸易的运行效率和收益。例如，国际贸易方式中的招标，简化了招标的流程，整个招标工作的成本大大低于线下招标活动举办的成本，这正是技术进步带来的效率提升。

3.技术进步能够优化国际贸易产品结构

技术落后的国家或地区主要依靠低附加值的劳动密集型产品出口并通过引进国外先进设备进行生产，因此，其对外贸易产品结构中劳动密集型产品占出口比重较大，高新技术产品的进口比重较大，而劳动密集型产品附加值低，利润空间小，高新技术产品附加值高，利润空间大，这就造成技术落后的国家或地区在国际贸易中很容易利益受损。而技术进步可以带来高新技术产品出口比重的大幅增加，如制造平板显示器用的机器及装置等，这些产品利润率高，可以提高对外贸易的利润，优化国际贸易的产品结构。另外，环保技术的发展带来了各项绿色环保产品的面市，大大提高了绿色产品在国际贸易中的比重，推动了世界环保事业的发展。

4.技术进步能够重塑国际贸易产业链条

新一轮科技革命和产业变革给很多行业带来了颠覆性的影响，同时也开辟了新的赛道，这为全球的企业提供了"换道超车"的契机，特别是在一些技术路线和竞争规则尚属空白的新兴领域，全球产业链供应链正在加速重构。例如，技术进步可以提升加工贸易技术含量和附加值，延长产业链，由加工组装向技术、品牌、营销环节延伸，带来国际贸易产业链条的重塑。

5.技术进步使国际贸易中技术性贸易措施升级

近些年来，以技术性贸易壁垒为核心的新贸易壁垒正在不断发展，逐渐取代传统贸易壁垒成为国际贸易壁垒中的主体，是实行贸易保护主义的主要手段和高级形式。随着科学技术的进步、技术创新的深入，新的技术标准会不断涌现，并被采用于新的技术法规。技术创新使检测设备、手段和方法更加先进，一些国家尤其是世贸组织的发达国家成员运用技术性贸易措施的水平随之水涨船高，对进口产品的标准规定越来越细，要求也越来越严格和苛刻，给国际贸易增添了阻碍。

（二）国际贸易对技术进步的影响

国际贸易涉及的范围包括世界众多国家或地区，开展国际贸易活动对技术进步有着积极的影响。

1.国际贸易活动促进技术交流与进步

一方面，国际贸易是在不同国家和地区之间展开的贸易活动，在进行贸易洽谈的过程中，不可避免地会涉及相关产品信息的交流，包括产品的数量、质量以及核心技术。这些交流信息以国际贸易为载体广泛传播，成为技术信息获取的途径之一。另一方面，国际贸易会产生集聚效应，在贸易存量较多的国家或地区贸易交流活动会越来越频繁，从而技术交流活动的频率也得到相应的提高，很大程度上促进了该国家或地区技术的进步。集聚效应还会带来外商投资的集聚，资本的加持也会为技术的进步带来强有力的支持。

2.国际贸易用户反馈有利于技术改进

在国际贸易活动中，产品的销售范围很广，出口企业可以获得来自世界各地的用户信息反馈，也能获得来自世界各地的不同的产品体验，经过这些信息的收集整理和对比分析后，企业可以获得技术改进的重点方向。因此，企业可以建立有效的用户沟通反馈机制，并利用这一点进行技术的革新，用户通过有效的反馈渠道积极地提出产品改良意见，也能促进产品升级，获得更好的使用体验，创造双赢的局面。

3.国际贸易市场竞争促进技术创新

参与国际贸易的主体来自各个国家和地区，国际贸易市场上的商品种类繁多，同一类型的产品之间竞争十分激烈。各国的企业出口产品是为了获取利润，因此提高产品的竞争力就变得十分重要，而技术进步正是提高产品竞争力的重要手段。技术进步能带来生产效率的提高、生产成本的降低、交易渠道的开拓等，令产品更具竞争力。国际贸易市场的良性竞争可以促进整个市场环境的健康发展，带动产品技术的不断改进。

4.国际贸易技术性贸易措施倒逼技术创新

随着中国制造不断走向国际市场，有些国家以维护国家安全、保护人类健康和安全、保护动植物的生命和健康、保护环境、保证产品质量、防止欺诈行为为理由，通过技术法规、标准、合格评定程序、动物卫生与植物卫生等措施对货物贸易实施技术性贸易措施，这已成为我国产品出口绕不开的一道难题。若不符合进口国技术性贸易措施要求，企业产品将可能遭受进口国扣留、召回、销毁、退货等处罚，造成直接损失。因此，为适应技术性贸易措施的要求，相关企业必须进行技术改造，更换标签及包装，新增检验、检疫、认证、处理及各种手续，尽管会产生大量新增费用，但这是应对技术性贸易措施的必备条件，否则就会严重影响我国国际贸易的长远发展。

二、国际贸易数字化发展战略

（一）国际贸易的数字化发展历程

21世纪到来后，包括我国在内的整个世界都经历了信息技术的洗礼，国际贸易从传统贸易走向了数字化贸易。从国际贸易数字化发展历程来看，数字化的国际贸易已经经历了三个阶段，从贸易信息展示平台、贸易在线交易平台，到贸易产业链综合服务平台，目前正在迈向数字化贸易的商业操作系统的阶段，如图5-2所示。

图 5-2　国际贸易的数字化发展历程

第一个阶段是贸易信息展示平台阶段。该平台将各个行业的卖家的货物资讯汇总起来，让买家挑选出适合自己的物品进行采购。例如，阿里巴巴的"黄页"，把我国的供应商信息集中起来，并在网络平台上面向全球众多国家和地区的买家进行展示，从而为企业提供一个在线的商务合作平台。这一阶段的发展特征是信息的数量和质量都很低，导致买方和卖方之间仅仅可以寻找合作信息，但不能直接进行网上交易。

第二个阶段是贸易在线交易平台阶段，该阶段的数字化外贸平台交易模式包括 B2B、B2C 等，为买方和卖方提供了网上交易的平台。B2B 解决了传统的大宗交易难题，主要针对跨国大公司，利用网上的信息交换和金融支付手段，缩短了中间环节，提高了交易的效率，促进了国际贸易的发展。B2C 业务是跨境零售业，主要针对中小微型外贸企业，为世界各地的消费者提供多样化的产品，降低准入门槛，节约交易费用，为中小企业打开了快速销往全球的贸易通道，让消费者在全球范围内按需挑选进行购物。这一阶段的发展特征是从贸易信息展示拓展到了网上交易，有效地提升了交易的效率，减少了交易的时间。

第三个阶段是贸易产业链综合服务平台阶段，该阶段实现了对供应链资源的整合和优化，减少了中间环节，打造了从上游企业到下游用户的全产业链交易。例如，敦煌网的数字贸易中心模式，就是将产业链的营销、金融、物流等环节进行整合优化，并提供一个开放的服务端口，打造贸易信息展示、在线支付、融资分期、物流基础设施等多元化服务平台，平台收取信息增值服务收入。

　　未来即将开启国际贸易的第四个阶段，国际贸易的数字化发展将进入一段新的征程，那就是全链条数字化贸易的商业操作系统。数字化贸易的商业操作系统以全球贸易的多样化架构为基础，包括商家操作系统，超级会员系统，标品库系统，金融支付系统，智慧物流系统等，为全球范围内的企业和消费者提供数字化的基础设施，实现数字贸易的全球化。这一阶段的国际贸易数字化已经不只是传统意义上的数字化，而是将数字技术作为手段，应用于国际贸易的产品制造、市场主体、贸易营销、贸易流程、服务等各个方面，重塑了国际贸易的整个产业链条的流通环节，如图5-3所示。

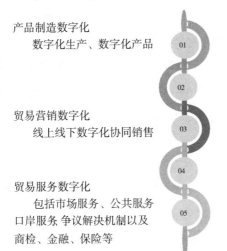

产品制造数字化
　　数字化生产、数字化产品

市场主体数字化
　　包括生产主体、贸易主体
服务主体

贸易营销数字化
　　线上线下数字化协同销售

贸易流程数字化
　　包括线上交易、数字支付
智慧物流数字化的关务和税务
等服务

贸易服务数字化
　　包括市场服务、公共服务
口岸服务、争议解决机制以及
商检、金融、保险等

图5-3　国际贸易数字化产业链

（二）国际贸易数字化发展的必要性

　　国际贸易数字化是现代信息技术与国际贸易整合的结果，是时代发展的需要。目前，数字技术已经渗透到国际贸易的各个方面，国际贸易的合作也逐渐由可信的贸易主体过渡到可信的贸易方式。数字贸易是国际贸易数字化的典型产物，在服务贸易中所占的比例每年都在增加，总体来说，现阶段我国数字贸易发展态势良好。2022 年 5 月，国家工信安全中心发布《2021 年我国数字贸易发展报告》，报告数据显示，2020 年，我国数字贸易整体规模为 4.0 万亿元人民币，同比增长 9.3%。由此可见，我国国际贸易的数字化发展已经取得一定的成果，数字贸易、数字经济和数字技术将成为未来国际贸易的重点发展方向。因此，提高数字经济与数字贸易的国际竞争力，就显得尤为重要。

我国对国际贸易数字化发展的重视主要有三个方面的原因。

首先，国际贸易数字化能刺激新的国际贸易增长动能，有助于完成稳定的对外贸易目标。国际贸易数字化可以大幅减少国际贸易的费用，使中小型企业可以更广泛地参与进来，找到自己的优势市场，实现规模效应，从而充分发挥我们的生产优势。同时，国际贸易数字化也使得过去无法进行贸易的服务的可贸易性大大增强，如教育、医疗等服务，这对扩大国际贸易的广度和深度都能起到很大的作用。

其次，国际贸易数字化是助力国际贸易绿色化发展的重要推手。国际贸易数字化并不只是交易模式的一种变化，其深刻地影响着生产组织形式和经济的产业结构。例如，国际贸易数字化可以把生产过程中的技术知识转换成多种形式的数字服务，从产品的供应到整个生命周期的管理，再到提供系统的解决方案，都能实现数字化统计与分析，并对管理决策提供支持，这在很大程度上减少了各项资源的浪费。数字化的模式对环境的影响几乎为零，而数字化的生产模式还能提高外贸产品的品质，这又是促进绿色发展的一个关键环节。

最后，国际贸易数字化能够提高国家的竞争能力。在许多方面，数字贸易都具有"网络效应"，技术发展给企业带来了新的发展机遇，也带来了"不进则退"的困境。企业在国际贸易数字化发展中的关键在于把握机遇，利用先发优势，快速占领技术高地，从而使国内产品在世界贸易市场中具有较高的竞争力，提高国家在国际贸易中的话语权。

（三）国际贸易数字化发展策略

国际贸易数字化发展策略可以从以下四个方面展开。

首先，国际贸易数字化必须注重发展跨境电商，强化各项前沿技术在跨境电商各个环节的全面应用。例如，互联网平台在国际贸易交易业务中的应用、区块链技术在国际贸易结算业务中的应用、大数据技术在国际贸易物流业务中的应用。在国际贸易中，通过技术手段搭建起交易、支付、物流服务等平台，建立起全程的线上服务，只有技术应用落地，才能真正实现国际贸易数字化的发展。

其次，要夯实我国数字经济和数字产业的基础，为跨境电商的发展提供保障。从国内来讲，国际贸易数字化的全链条都是相互适配的，从产品的设计到知识产权的保护，从电子商务平台的销售到售后的保障，整个链条都是数字化的，甚至金融支持服务也要实现数字化。具体可以通过建设试点来进行示范，全面优化数字贸易产业链，扩大产业规模。在国际层面上，我国应加强与其他国家的贸易与技术交流，促进双边或多边数字贸易体系的规则的制定。

再次，要培育我国的数字贸易市场主体，激励我国企业"走出去"，将本国发展的优势转变为国际竞争的优势，积极参与国际大循环，拓展更大的国际市场，尽快实现与国际规则的全面对接。为我国企业"走出去"创造有利的外部条件，比如可以通过参与高水平自由贸易协定的方式来实现数据的跨境流动。

最后，我国要尽快制定数字贸易整体发展规划，积极参与全球数字贸易规则制定。具体来说，我国一方面需要加快出台集跨境数据传输、市场进入、数据安全、数据治理、数据资源产权等重点议题为一体的数字贸易整体发展规划，为国际贸易数字化发展的各个领域的具体开展提供方向指引；另一方面需要加强与世界各国的数字贸易合作，积极调整在全球数字贸易谈判中的立场和策略，以互融发展化解技术、市场和制度脱节的风险，拓展我国数字贸易发展的国际空间。这不仅是为了提高我国在国际贸易中的话语权，也是为了保障我国对外贸易的安全。目前全球尚未建立统一的数字贸易规则，有关数字贸易壁垒的谈判也是分歧重重。我国积极参与数据安全、数字货币、数字税等国际规则和技术标准的制定，积极推进国际网络交流合作，有利于保障我国国际贸易的长远健康发展。

第二节　互联网平台在国际贸易交易业务中的应用

跨境电商平台就是互联网平台在国际贸易交易业务中的应用典型，是国际贸易数字化发展的新模式，为全球企业和消费者提供了一个高效、便捷、随时随地都能在线交易的平台。

一、跨境电商平台介绍

跨境电商，全称跨境贸易电子商务。广义的跨境电商与国际贸易的概念类似，狭义的跨境电商专指跨境互联网零售，如出口外贸小额贷款批发及 B2C 交易模式。跨境电商的买卖行为主体分属于不同的海关境界，依靠互联网平台展开交易、支付，最终通过跨境物流将商品交付到消费者手中。因此，简单来说，跨境电商就是指商品在不同的国家进行流通交易。

跨境电商的交易活动都要依靠跨境电商平台来实现，跨境电商平台就是利用互联网搭建起来的跨境电商活动载体。近些年来，随着国际贸易活动的频繁往来和发展，人们开始更多地习惯跨境电商这样的一种从线上选购商品进行交易的方式。跨境电商平台通过互联网实现了全世界的连接，大大地提升了广大消费者的采购效率，所以深受大家的青睐。

跨境电商平台包含两种类型，分别是第三方跨境电商平台和跨境电商独立站。第三方跨境电商平台由买卖双方之外独立的第三方构建和运营，其功能是为跨境电子商务买卖双方，特别是中小型企业或者个人用户提供公共平台来开展电子商务基本模式，卖家们可以在第三方平台上发布信息。另外一边的买家们则可以在平台上在线查看商品的信息，选购产品等。当买卖双方的主体身份不同，跨境电子商务第三方平台也可以分为 B2B、B2C 和 C2C 等三种主要的类型。跨境电商独立站指的是一个独立的网站，包括有独立服务器、独立网站程序及单独的网站域名，仅经营自主品牌，个人卖家及第三方供应商无法入驻。

　　第三方跨境电商平台与跨境电商独立站虽然都是跨境电商平台，但是二者在很多方面存在区别，如表 5-1 所示。

表 5-1　第三方跨境电商平台和跨境电商独立站对比

	第三方跨境电商平台	跨境电商独立站
平台搭建	平台自行搭建服务器并进行后期维护，与卖家无关	卖家自行投入成本搭建网站并自行维护运营
平台安全风险	由平台提供安全技术保障，安全风险责任由平台承担	卖家自行承担网站安全与客户信息安全，风险责任自行承担
平台开放性	开发权利由平台掌握，卖家无权干涉，因此品牌及选品受限程度高	可针对特定商品销售进行个性化定制开发，产品及服务的差异性明显、灵活度更高
支付系统	平台承担支付渠道搭建，卖家无需申请	卖家自主申请第三方支付接口并自行搭建相应的支付模块
卖家成本	包含佣金、上架费、促销费、关键词竞价费、提现手续费等	包含第三方服务手续费、银行费用、汇率损失
营销方式	以产品为核心，利用社交媒体等营销方式，覆盖更广泛的受众群体来推动销售，主要的营销对象是公域流量群体	通过搜索引擎营销、社交媒体营销、电子邮件营销等途径将消费者引流至独立站完成下单

	第三方跨境电商平台	跨境电商独立站
优化方向	平台自身的搜索优化	以搜索引擎为主的关键词优化，注重维护品牌形象，持续维护品牌所吸引的私域流量群体

第三方跨境电商平台与跨境电商独立站在不同方面都具有各自的优势和局限性。第三方跨境电商平台在平台搭建成本和安全风险方面有显著的优越性，独立站则需要一个较长的建设周期，企业指定网站的知名度的上升及流量的积累也需要较长的过程。在第三方跨境电商平台，外加只需要有竞争力的产品，通过一系列标准化的平台操作，即可快速将产品推向全球市场。第三方跨境电商平台为了吸引大量用户，在功能设计上相对比较完善，包括买家商品的搜索和浏览、订单的字数和字符、后期的反馈与评价以及卖家产品的在线沟通洽谈、订单处理、物流服务、在线计算及库存管理等功能都可以通过平台设计来完成。一些大型第三方跨境电商平台网站，具有很高的知名度，每天会有大量的用户直接访问网站。除此之外，负责任的第三方跨境电商平台，会花费巨额的推广费来增加网站的知名度和访问量，推广方式包括网络推广和传统线下推广等。因此，第三方跨境电商平台适用于有较强研发能力的或新入局的跨境电商卖家。

相较于第三方跨境电商平台，跨境电商独立站更能契合品牌建设，许多商家着手建设独立站，在内容创意、整体视觉、产品包装等各方面进行品牌升级。在产品同质化严重的情况下，卖家需要找到差异化的市场突破口，从产品包装、视觉设计、品牌理念等多个维度进行升级。因此，而跨境电商独立站更适合那些想要打造自主品牌并拥有互联网思维的非标品企业。我国跨境出口电商未来将以"数字化"趋势发展。随着公域流量获取成本的提高，私域流量对跨境出口电商的重要性逐渐提高。独立站模式能够有效获取单一用户识别信息，建立有效的用户数据中台，运营私域流量，促进消费者二次消费。

目前，我国跨境出口电商经营模式主要依靠第三方平台，如亚马逊、eBay等，以独立站模式经营的较少。依靠第三方电商平台，跨境电商企业能够减少经营难度，但减少了可控环节。以独立站经营模式经营的跨境电商商家要完成更全面的经营链条，如支付手段、物流配送、私域流量经营等。

跨境电商这种贸易模式，伴随着人们的生活习惯演变而来，从以前的大费周章到现在的衣食住行都可以在线上进行订购预付，发生了质的转变，充分满足了当下消费者快速的生活节奏需求，足不出户就可以在线购物。我国的跨境电商不光卖全球，也买全球，在丰富国内市场供给、更好满足人民美好生活需要的同时，也为全球贸易投资注入了新动能。近年来，多国驻华大使直播带货，积极推广本国产品，如巴基斯坦的粉盐，保加利亚的玫瑰水等特色商品广受消费者的欢迎，不少优质品牌借助电商平台进入中国市场以后落地生根，迎来了新的发展机遇。在当下跨境电商新业态已经成为推动国际贸易发展的重要力量的背景下，传统外贸行业向线上转型已成必然趋势。

二、跨境电商平台主要交易功能

随着跨境电商行业的兴起和互联网技术的进步，跨境电商平台功能也进入了多样化发展的阶段，并且根据市场需求的变化，几乎所有跨境电商平台的功能都在不停地完善和更新。跨境电商平台功能越齐全，其核心竞争力就越强，给卖家带来的价值也就越高。尤其是入驻的平台和开设的店铺增多以后，跨境电商平台的功能越强大，节省的时间成本和人力成本也就越多，店铺的运营效率也会随之大幅增长。一般来说，跨境电商平台的功能包括多平台支持功能、供需信息匹配功能、营销功能、交流沟通功能、自助交易功能、数据管理功能、其他配套系统对接服务功能，如图5-4所示。

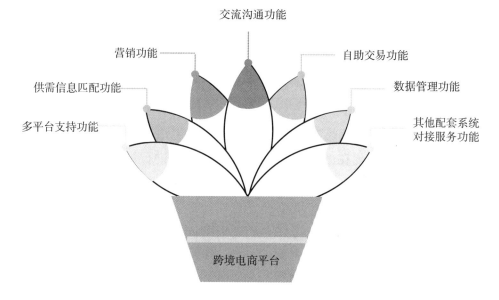

图 5-4 跨境电商平台交易功能

（一）多平台支持功能

当下在线购物包含多种形式，一般跨境电商平台包含多个平台同步支持的功能，无论是网站商城还是移动电商，都能一键开启即用；还支持企业开设线下实体店，消费者进店扫码下单，感受国内下单国外发货的海淘体验。

网站商城是早期的跨境电商平台形式，如今由于智能手机等移动终端迅速且广阔的渗透，成为了移动电商增长的最大助推力。这些移动终端自带便利性，消费者的购物行为不再受时空限制，同一用户信息可以实现用户数据的多平台共享。换句话说，只要消费者方便，就能够随时随地获得所需服务。移动电商的安全等级也更高，其依靠密钥等加密技术，可有效保障消费者的个人信息与隐私安全。另外，由于接入方式的无线化，移动电商更具开放性与包容性。

总之，站在消费者角度而言，相比网站电商，移动电商的购物体验有了显著提升。而对于商家来说，移动电商的消费人群不仅规模更庞大，消费能力也更强，而且由于移动通信的灵活便捷，商家开展营销推广活动也更高效。

（二）供需信息匹配功能

跨境电商平台对企业和消费者最直接的功能就是供需信息的匹配，充当了促成交易达成的中介角色，并处于买卖双方之外的第三方的中立地位。在跨境电商平台上，卖家可以进行商品的集中展示，消费者可以通过关键词搜索找到符合自身需求的商品。平台化的运营可以快速聚集流量，形成网络理论的马太效应。跨境电商平台聚集的用户越来越多，就越能吸引更多的用户参与进来，用户数量的急剧上升能带来更多的供需信息，越能充分发挥供需信息的匹配功能。

在卖家商品展示方面，跨境电商平台支持商品多级展示和组合类别展示，可使某个商品同时归属于多个类别，解决商品类别管理难划分的问题。在跨境电商网站前台商家可随需设置商品营销区域，每个区域配置一个营销标签，每个营销标签下可设置若干商品，做到商品的精准投放。平台设置灵活的商品价格体系，包括保护价、成本价、最高限价、市场参考价、会员价、促销价等。会员价根据会员等级进行设置，不同等级的会员可设置不同的会员价格。

在消费者搜索方面，跨境电商平台产品支持助记符，实现了商品查找多元化，买家可基于商品关键字段内容，打出拼音、字母即可进行商品搜索、查找、定位。在商品分类列表和搜索结果列表页，可基于品牌、规格进行商品筛选，对筛选结果基于价格、销量、上架时间、用户评价进行排序，以便于用户快速找到目标商品。

（三）营销功能

跨境电商平台支持多种销售模式，包括一般销售模式、买手模式、跨境直邮模式以及保税仓备货模式。一般销售模式指从境外采购商品，企业纳税后转国内在跨境电商平台上销售，采用一般进口贸易手续进行清关。买手模式也称为代购模式，由海外个人卖家拍摄实体店商品信息上传到电商平台，用户下单支付定金后，卖家去实体店购物，发货前买家需要付清定金。卖家通过邮政小包、国家快递的形式邮寄到国内买家手中，通过快件清关。该模式典型的平台有洋码头、全球购等。跨境直邮模式指跨境电商平台接到客户下单后，会集中多个订单的货品统一打包运至国内保税仓，再按客户订单拆分包裹转交国内快递公司派送到用户手上。订单由消费者订购，一般两周内可以完成清关并从自贸区发货（特殊情况除外），由海外商家通过国际物流公司发货，通过集货清关。该模式典型的平台有天猫国际、京东全球购等。保税仓备货模式指境外商品备货清关入境暂存保税区，待消费者在跨境电商平台下单购买后，以个人包裹的方式通过国内物流送达。该模式典型的平台有爱购保税（重庆保税区）等。

跨境电商平台还提供多样化的营销活动，如折扣券、满额减钱、满件减钱、限时促销、分销、秒杀、拼团等，多种电商消费玩法，帮助平台提升客单价。平台运用大数据技术，可对优惠券、促销政策、运费减免、限时抢购等促销活动的效果进行科学评估，确定最佳营销方式。

另外，跨境电商平台还包括会员体系功能，后台收集完整的会员信息，分析店铺会员喜好并进行个性化的推荐，定期推送节日促销、会员折扣、全场减免、组合优惠等促销信息到会员账户、邮件及手机短信中，会员等级随着消费笔数和金额的增加能够升级，不同等级的会员可以匹配不同的权益，促进会员复购。

（四）交流沟通功能

交流沟通是成单前不可或缺的重要一环，跨境电商在支持消费者与企业沟通方面主要包括两大功能，即多语言选择和聊天工具。

在多语言选择方面，一般跨境电商平台都可以按照企业的主攻销售市场，定制不同的语言界面，如泰语、英语、阿拉伯语等，而且能实现根据访客地区，智能切换语言，还能为商品一键生成多语言版图文，方便企业和消费者进行选择，提升买家的消费体验。

在聊天工具方面，一般跨境电商平台都会提供聊天工具，方便企业和消费者交流沟通，相互了解对方需求，这样不仅能够促成交易的达成，而且能够在交易后满足售后沟通的需要。跨境电商企业通常会在客户沟通方面经常面临时差、多平台、客服人员成本等问题，聊天机器人则可以帮助解决这些问题。跨境电商平台聊天工具可以使用聊天机器人，全天候在线随时回答客户问题，引导客户下单，避免因时差问题没能及时回复导致顾客流失的情况发生。还可以帮助企业在一个聊天界面内同时应对多渠道、多平台的聊天，同时处理多平台多账号的客户信息。此外，聊天机器人甚至能代替客服做大量的工作，帮商家节省部分人工客服成本。在数字化发展的未来，AI 智能技术还能实现即时翻译，充分满足不同国家消费者与企业的沟通需求。

（五）自助交易功能

跨境电商平台提供自主交易功能，包括购物车、下单、自动拆单等。购物车支持一键增、删、改功能。用户在未登录状态时，购物车商品清单将保存在用户的浏览记录中，关闭网页后再次访问网站时，购物车内商品清单并不会遗失；用户处于登录状态时，购物车商品清单将保存到会员信息中，会员只要登录网站，购物车内保存的商品清单都能够显示。平台支持非会员购物通道，非会员可在跨境电商平台上进行快速下单，事后可通过订单号和收货人手机号码查询跟踪订单状态；会员支持一键快速购物，可直接跳转到完善订单信息页面，完善订单信息后即可提交订单。另外，跨境电商平台还支持多供应商或多仓拆单，当会员所购商品分属于不同的发货方或发货仓库时，系统支持在购物车阶段自动拆单，用户可分别下单进行结算。

总之，消费者可以随时随地进行商品的浏览，将心仪的商品加入购物车，自助完成下单，不需要店家帮忙操作，享受到了不分时间、地点购物的乐趣，充分提高了交易的效率，降低了交易的时间成本。

（六）数据管理功能

部分跨境电商平台可以为卖家提供数据管理功能，包括采购数据管理、产品数据管理、订单数据管理、运营管理。

采购数据管理一般包含创建采购计划和采购单，可以生成智能采购建议，例如，系统每天会根据相应公式，自动生成缺货、备货采购建议，有的跨境电商平台还支持添加供应商，用于商品采购，进行采购库存管理。

产品数据管理一般包含商品数据采集、产品刊登和在线产品管理。商品采购后将数据采集到管理系统，在刊登产品时可进行批量编辑，支持图片美化和语言翻译，还可定时发布。对于在线产品，跨境电商平台支持同步产品上下架信息和产品信息批量编辑等功能。

在订单数据管理中，主要进行打包发货，可将店铺的订单生成包裹并打印面单。系统会显示订单状态，并提醒卖家订单信息是否完整，哪些订单可以合并，以及哪些订单有留言或者站内信等。

在运营管理方面，跨境电商平台可以获得各项关键数据统计指标，并利用这些指标提升网站经营效率。根据在线营销的业务流程、内容和主要特征，跨境电商平台提供流量指标、转化指标、推广指标、服务指标和用户指标等五个一级指标的统计分析，每个一级指标之下又分为若干个二级指标。跨境电商平台可以利用平台数据，分析有成交记录的用户，包括对新用户的获取成本、老用户的活跃度等指标进行分析。搭建数据罗盘，可以清晰看到跨境平台的热点数据、人流量、产品浏览量、客户信息和交易额等，通过挖掘数据价值从而调整平台的经营策略。

（七）其他配套系统对接服务功能

跨境电商平台还提供与其他配套系统的对接服务，如支付系统、物流系统、海关信息的对接等，一站式满足交易需求，提升消费者体验。

在支付系统对接方面，除了常用的信用卡收款方式，还提供对接特定地区的支付方式，做到智能推荐付款，有效缩短付款周期。在物流系统对接方面，可以自动计算运费，支持客户预约送货时间，支持商家后台智能匹配性价比最高的物流产品，在海关信息对接方面，订单系统与海关对接，消费者的订单等数据自动同步给海关，海关可提前审查商品资质，提高清关效率，更快发货。

三、跨境电商平台发展策略

跨境电商平台作为互联网平台在国际贸易交易业务中的典型应用，是国际贸易发展的新形式，具有无边界、全球化的特性。跨境电子商务冲破了国家间的障碍，使国际贸易走向无国界贸易。对企业来说，跨境电子商务构建的开放、多维、立体的多边经贸合作模式，极大拓宽了进入国际市场的路径，大大促进了多变资源的优化配置与企业的互利共赢；对消费者来说，跨境电商使他们能够非常容易地买到物美价廉的商品。未来，跨境电商平台不仅将继续沿着数字化的道路发展，还将朝着数智化的更高方向不断迈进。

（一）紧抓消费者核心需求

当下市场"宅经济"盛行，线上购物需求持续增长。由于线下购物不便，消费者将部分日用品购物需求转向线上，也逐渐带动了其他购物需求向线上转移，且居家工作的生活方式亦使得消费者愿意进行更多的线上购物甚至跨境线上购物。同时，90后、00后逐渐成为主力消费群体，具有明显的追求个性化购物的特点，个性化潮流和消费者行为变化在创造了个性化需求市场的同时，也催生出"客户驱动，用户第一"的C2B商业模式。在传统外贸时代要想做到时时处处以用户需求为基本出发点，需要付出巨大的成本，而且仅能服务极少数的高端细分客户。但在数字化国际贸易时代，互联网和智能技术的发展将会从根本上将传统工业时代B2C的运作模式转换成客户驱动的C2B模式。C2B模式最明显的特征就是以用户为主导，用户从商品的被动接受者变成主动参与者，甚至是决策者。

因此，跨境电商平台的发展需要紧抓消费者个性化的需求，提供个性化的平台服务，通过数据沉淀进行客户喜好分析，从被动营销到主动营销，预见订单，实现个性化定制，掌握定价权，这也是跨境电商未来的发展重点。

（二）品牌独立站建设

我国跨境电商最早都以白牌、廉价产品为主，但随着出口跨境电商规模与流量优势逐步建立、国内跨境电商供应链的完善及同质化竞争的加剧，越来越多跨境电商出口企业逐渐意识到品牌价值观理念对消费者购买决策的重要影响力，"品牌化"已成为未来企业竞争力的核心，跨境电商出口"品牌化"的趋势越来越明显。

面对品牌化的发展趋势，由于跨境电商企业在第三方的跨境电商平台站内的流量费用越来越高，并且难以从平台方获得用户的多维数据，进而开展消费趋势洞察或对用户需求进行深耕，这就导致其缺乏一定的自主性，不利于品牌营销。因此，品牌独立站及线下渠道将成为跨境电商新的增长机遇。面对挑战，越来越多的国内企业尝试建立品牌独立站。同时，社交网络广告精准营销推广模式的发展及自营网站服务商兴起等因素也推动了品牌独立站的发展。

平台是跨境电商交易的载体，品牌新建独立站需要做好以下四个方面。

首先，要做好跨境网站平台的外链优化。跨境网站平台需要养成每天适量发布外链的好习惯，这对于网站的排名优化有很大的帮助。一般来说，要选择权重较高的网站、论坛发布相关信息，经常去检查或者监控一下网站所做的外链是否存在，只有有效的外链才会给跨境系统网站带来流量与权重。

其次，要做好跨境平台网站关键词、产品定位排名优化。跨境网站需要关注两个重点，一个是图片排名，另一个就是关键词排名，而且不同国家的用户其搜索习惯也存在着差异。对于关键词的选择，不要简单地通过关键词指数或者谷歌推荐的关键词来做，这些仅仅起到参考效果，定位跨境平台网站关键词需要通过统计工具来分析实际搜索词，然后分析跨境平台网站中实际的产品销量来定位关键词。

再次，要做好跨境电商网站产品的描述优化，除了注意跨境电商网站产品描述的原创性外，还要注意描述语言的生动，语言描述是很重要的一部分，不同国家的消费者在购买产品时，如果发现连语言都是错误的，很可能会认为产品的质量也不会好，从而导致客户流失。还有产品的描述，要注意字数不要太少，太少则介绍不详尽。

最后，要做好跨境平台网站的内容优化。跨境电商网站的内容是填充网站的必需品，而新建跨境网站一般只有框架而没有内容，所以需要对网站的内容进行填充和优化。给跨境电商网站填充内容时、内容的创作尽量要原创，如果添加产品图片或其他图片，一定要添加文字提示。

（三）平台系统智能化运营

当前，国家在大力推动跨境电商发展，搭建具有全国竞争力的跨境电商平台，建立权威的全球跨境电商大数据交易中心，建立服务全球的跨境电商服务体系，抢占境外市场，掌握跨境电商行业话语权。传统跨境企业借助智能化的跨境电商体系扩展全球市场信息，可以有效解决国内外企业因信息不对称带来的外贸订单减少的问题，充分减少中间环节，直达客户终端，大大提高跨境商品的利润，使跨境企业在国内更具竞争优势。因此，跨境电商平台系统的智能化升级十分重要。

近年来，跨境电商行业智能化的发展是有目共睹的。随着各种软件以及人工智能的普及，跨境电商运营也趋于智能化，如今正在迈向一个新的发展阶段。这个阶段合规将是主旋律，而合规化的工作要求跨境电商线上和线下必须深度结合。运营效率是决定企业优胜劣汰的标准，而信息技术的发展对企业的运营效率起到至关重要的作用，可以利用互联网、大数据、人工智能等手段将两者打通，推动跨境电商行业的发展，实现智能化运营。

跨境电商平台智能化运营包括选品，刊登，图片、标题、描述、价格的优化匹配以及物流发货等各个环节，这些重复性的工作完全可以由机器替代，通过智能化的系统提高运营效率。人才紧缺一直以来都是跨境电商行业最棘手的问题之一，同时人才的培养成本、人工成本也越来越高。而人工智能虽然初期投入可能会比较大，但可以实现

24 小时工作，且对企业绝对忠诚，在帮助企业提升工作效率的同时，也减少了不少因人力问题而造成的损失。

第三节　区块链技术在国际贸易结算业务中的应用

一、区块链的相关介绍

（一）区块链的内涵与特点

区块链的内涵可以从广义和狭义两个角度进行解读，广义的区块链是一种新型的分布式基础架构与计算方式，它利用块链式数据结构来验证与存储数据，利用分布式节点共识算法来实现数据生成和更新数据，利用密码学方式来保证数据传输和访问的安全性，利用自动化脚本代码组成的智能合约来编程和操作数据。狭义的区块链是一种分布式账本，按照时间顺序将数据区块依次相连进行组合，形成一种链式数据结构，借助密码学的方式来保证数据无法被篡改和伪造。

去中心化、独立性、匿名性、开放性以及安全性是区块链的五大特征。去中心化是区块链最基础的特征，去中心化指在没有额外的第三方管理机构和硬件设施，没有中心管制的情况下，通过分布式核算、存储等方式实现各个节点的自我验证、信息传递和信息管理。独立性是指区块链所有的结点都能在不依靠第三方和人为干涉的情况下，通过统一的规则和协议，自动、安全地完成系统中的自动验证和数据交换。匿名性是指在区块链中进行信息的匿名传输，除非有法律规范的要求，否则不需要对各个区块的数据进行技术上的公开或验证。开放性指区块链技术基础是开源的，区块链的数据对所有人开放，只有交易各方的私人信息被加密，所有人都可以通过接口访问区块链数据并进行应用开发。安全性是指在区块链系统中，只有在超过一半的数据节点被掌控时，才可以对其中的数据进行修改，否则就不能对系统数据进行随意处理，这样就增强了区块链的安全性。

（二）区块链的技术结构

一般来说，区块链系统包括六大层级，即数据层、网络层、共识层、激励层、合约层和应用层。数据层、网络层和共识层是区块链技术分层结构的底层基础，缺一不可。而激励层、合约层、应用层并非每个区块链应用都具备，部分区块链应用不完全包含这三层。

数据层利用特定的时间戳和加密技术对数据进行存储，从而构成具有重要意义的区块，这是整个区块链中技术分层结构的最底层。网络层将数据层中的数据进行有序的组装之后，传送到去中心化的云端服务器上，然后由服务器将数据传送给客户端。由于具有去中心化特征，区块链必须依靠网络层实现用户之间点对点的信息交互。共识层可以实现所有节点的同时记账，在点对点的网络环境下，由于区块链的每个节点都可以生成新的区块来完成记账，因此需要高度分散的节点就区块数据达成有效共识，并决定由谁来为主链增加新区块。激励层的功能是对各节点积极参与记账提供有效的激励措施，保证整个网络的安全运行。合约层封装了各种脚本、算法和智能合约，作为区块链可编程特性的基础。应用层还封装了各种区块链的应用场景和应用案例。

（三）区块链在我国的发展

由于区块链具备去中心化、独立性、匿名性、开放性以及安全性的特征，因此，任何直接或间接依赖于第三方担保机构的活动，都可以从区块链技术中获益。区块链本身维护着按时间顺序持续增长且不可篡改的数据记录，当现实或数字世界中的资产可以转化成数字摘要时，区块链便成为了确权类应用的完美载体，可以提供包含所属权和时间戳的数字证据。可编程的智能合约使得在区块链上登记的资产可以获得极大的流动性，这一点是现实世界很难提供的，这得益于区块链能够保证合约规则的透明和不可篡改。所以，区块链可以促进创新型经济活动的出现，为社会资源价值提供更为高效、安全的流动渠道。

长期以来，央行持续在对数字货币所涉及的技术进行深入的研究，其中就包括区块链技术，除此之外还有移动支付、可信可控云计算、密码算法、安全芯片等。事实上，央行很早就在研究区块链技术。2014 年，央行为发行基于区块链的数字货币专门成立了一个研究团队进行研究，并取得了阶段性研究成果。2016 年 1 月 20 日，央行特别举办了"中国人民银行数字货币研讨会"，并邀请业界的技术专家就数字货币发行的总体框架、货币演进中的国家数字货币、国家发型的加密电子货币等议题进行了讨论。会议提出了银行发展数字货币的战略构想，建议尽快开展数字货币的发行，并利用数字货币相关技术来打击金融犯罪活动。2016 年 12 月，央行设立了中国人民银行数字货币研究所，公开的初步方案是由央行主导，在保持实物现金发行的同时发行以加密算法为基础的数字货币，发行机构可以使用安全芯片作为载体，以保证密钥和算法运算过程的安全性。

在国际贸易活动中，买方和卖方之间可能互不信任，这时就需要以银行信用代替商业信用，由银行作为买方和卖方的保证人代为收款或交单。区块链技术能够为参与信用证交易的各方提供一个共同账本，使银行和其他参与者能够获得经过确认的共同交易记录并以此为依据履行合同，减少了交易的风险和费用。

在国际贸易中，区块链有很多应用场景。在贸易管理领域，区块链技术可以采取自动化的方式使复杂的国际贸易及物流供应链的手续和流程得以简化。以区块链为基础的贸易管理模式将会给参与贸易的主体企业提供很大的方便。此外，贸易管理中销售和法律合同的数字化、货物监控与检测、实时支付等方向都可能成为区块链应用的切入口。在物流管理领域，物联网也是非常适合区块链技术应用的一大突破口，预计在未来的几年里，还会有更多的区块链应用场景，比如租赁、物流等特定场景。但在现阶段，由于技术上的限制，物联网在短时间内无法实现大规模的应用。在征信和权属管理领域，各大社交平台和保险公司都在积极打造征信和权属的数字化管理。当前，这方面仍然存在一些技术难题，例如，缺少足够的数据分析能力，缺乏可靠的平台支持以及有效的数据集成管理等。区块链可以协助解决这些技术难题，促进数据交易和流通、提供安全可靠的支持。

二、区块链在跨境支付领域的应用

（一）区块链在跨境支付领域应用的必要性

《中国移动互联网发展报告（2022）》于 2022 年 6 月发布，其中明确指出："当前，区块链技术应用基础加快夯实，在总体上呈现规模化提升、生态结构丰富完善、技术融合加速等特点。我国已具备良好的发展区块链的基础和环境，区块链技术应用发展势头强劲。"从本质上讲，区块链是技术创新、数字金融和产业应用的深度融合。区块链作为一种新兴的数字技术，率先应用于金融行业，对国际贸易结算业务的发展产生了重大影响。

作为跨境电商最重要的环节，支付是跨境电商供应链系统的重要引擎，支付模式直接决定了跨境电商的生命线。长期以来，由于受到地域、时间和监管等因素的制约，跨境支付存在周期长、费用高、支付和结算过程繁琐等局限性。在传统的跨境支付和结算过程中，必须要经过开户行、接收行、清算行、境外银行等多个金融机构的处理，而在这些金融机构中，各机构都有各自的结算系统和程序；因此，在进行跨境支付的时候，每个环节的衔接十分复杂和繁琐，而且费用非常昂贵，不符合当前国际贸易发展的需要，急需改变与突破。

区块链具有信任共识、信息不可篡改、开放性等特征，适用于交易双方需要高度互信的业务情形；与传统电汇支付相比，基于区块链的跨境支付新模式充分利用了区块链技术的上述特征，在交易双方之间直接进行点对点的支付，双方共同参与支付验证，可以明显降低跨境支付的风险，提高跨境支付的效率，节省银行的资源。因此，将区块链技术应用于跨境支付领域有很大的必要性。

在全球范围内，以区块链为基础的新型支付公司已经涌现，并向世界充分展现了应用区块链带来的巨大商业优势。例如，Abra 是一个区块链电子钱包，能够在不需要银行账户和手续费用的情况下快速地完成跨境支付，获得了上千万美元的融资；Bitwage 是一个基于区块链的跨境工资支付平台，可以提供每小时的工资支付服务，便于跨国公司的薪资管理；BitPOS 是一个澳大利亚创业公司，提供基于区块链的线上支付，具有成本低、速度快的优势；Circle 是一个以区块链为基础的支付系统，能够让使用者跨币种、跨境进行快速转账；Ripple 采用了网关（与银行相似）的概念实现跨境支付，结构偏向于中心化，具有多币种、低成本、实时交易的特点。

英国巴克莱银行在 2016 年 9 月用区块链技术完成过一笔国际贸易的结算，该笔贸易的金额为 10 万美元，贸易产品是爱尔兰农场出产的芝士和黄油，进口商是一家位于离岸群岛塞舌尔的贸易商。如果采用传统信用证方式进行结算需要用时 7 到 10 天左右，而利用区块链技术进行结算只用了不到 4 个小时。区块链技术为该笔交易提供了记账和交易处理系统，无需传统信用证结算过程中复杂的审单、制单、电报或邮寄等流程，节约了大量的时间成本和人力成本。

（二）区块链对跨境支付的应用价值

区块链技术在国际贸易结算业务中的应用基础在于其具备两大核心价值，一是信息透明，二是不可篡改[①]。因此，区块链技术对跨境支付具有以下四点应用价值，如图 5-5 所示。

---

① 卢志强，葛新锋 . 区块链在跨境支付中的应用研究 [J]. 西南金融 ,2018(2):23-28.

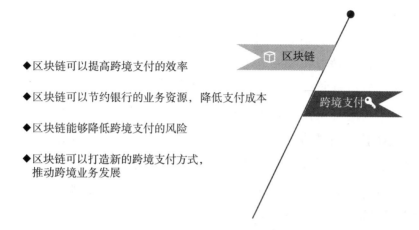

◆区块链可以提高跨境支付的效率

◆区块链可以节约银行的业务资源，降低支付成本

◆区块链能够降低跨境支付的风险

◆区块链可以打造新的跨境支付方式，
　推动跨境业务发展

图 5-5　区块链对跨境支付的应用价值

（1）区块链可以提高跨境支付的效率。在传统的电汇业务中，资金的支付由银行来完成，而银行的资金跨境流动总要通过中间结算方进行。这一流程涉及两个复杂的环节：一是要对交易的信息进行审核，并将所有的交易信息与中间结算方进行同步；二是中间结算方必须先对各账户的借贷进行抵消，然后才能进行最终付款。因此，在传统的跨境支付过程中，往往会产生一些复杂的交易过程。而采用区块链的跨境支付，由于区块链内的所有成员都会进行认证信息的维护，保证了数据的完整性，因此在进行交易时，省去了大量的数据同步和核对流程，提高了支付的效率。

（2）区块链可以节约银行的业务资源，降低支付成本。在区块链跨境支付系统中，不同的银行可以在建立联盟的基础上实现不同货币之间的汇兑与结算，不需要中间结算方的介入就能进行即时的支付。在区块链支付平台上，各银行只需拥有一个储备金账户，就可以省下存储于中间结算方的备用资金和手续费来投入更多的其他银行业务。在这种情况下，参与进来的银行越多，就越能节约银行的资源。

（3）区块链能够降低跨境支付的风险。在区块链跨境支付系统中，所有的付款节点，如供应商、出口商以及进口商等，都将被链接到一起来共同维护、更新支付交易的信息，并共同展开一致性校验。如果买方在使用区块链付款后无法接收到真实有效的卖家交货信息，就可以在一致性校验环节否认这笔支付信息，这样卖方就不能收到该笔资金。区块链跨境支付系统正是利用了这种多方共同维护交易信息并一起进行交易信息验证的方式来降低跨境支付的风险。

（4）区块链可以打造新的跨境支付方式，推动跨境业务发展。通过区块链技术打造点对点的支付方式，省去了中间结算方的介入，不但可以实现全天候支付、实时到账、提现门槛低且没有隐性成本，而且还有助于降低跨境支付的资金风险，满足了跨境电商对支付清算服务的便捷性需求①，具体对比，如图5-6所示。

图5-6　传统跨境支付与区块链跨境支付的对比

区块链跨境支付最大的价值就在于去中心化技术，基于这一点，国际贸易的买卖双方无需依靠一个中间结算方进行资金清算和交易信息的存储，就能够进行价值的转移。在跨境支付场景中，传统的支付方式面临的问题在国际上尚无一种低成本的解决办法，而且各国之间也存在文化、政治、经济等方面的差异，因此，区块链技术所代表的一种去中心化、去信任化的模式是一种很有应用价值的解决方案，但其技术路线和实际成效还需要进一步的观察与检验。区块链分布式账本技术把数字资产在区块链中的流动和真实的现金支付联系了起来，

---

① 徐倩.区块链,跨境支付的新机遇[J].佳木斯职业学院学报,2017(12):435-436.

使区块链支付拥有了类似支付宝钱包的功能。区块链跨境支付建立在去中心化的信用基础上，突破了国家或地区的限制，因而可以在全球网络市场上发挥出传统支付方式所不具备的高效率、低成本的价值转移作用。

三、跨境支付发展策略

目前，区块链技术在跨境支付领域中的应用还处于起步阶段。未来，在具体的应用环境下，跨境支付将会产生更多的创新。跨境支付的发展战略可以从以下几个方面进行。

（一）加速区块链技术攻关

技术进步是跨境支付发展的重要推手，基于区块链在跨境支付领域的诸多应用价值，必须要加速区块链技术攻关。当前我国跨境支付的发展速度正在不断加快，但仍存在巨大的发展空间。深入开展区块链技术研发，加快突破核心技术是挖掘区块链潜力的第一要务。现阶段，鼓励包括跨境支付在内的多种区块链创新应用的落地，是我国关注的一个重要领域。国家部委和地方政府相继出台了众多相关政策，推动了区块链技术的研究和应用，为实体经济的增长和国际贸易的发展提供了有力的支持。具体而言，首先，我国要为科研机构、高校、企业，特别是高新技术中小企业提供便利条件，比如在人才引进、税收减免等方面给予扶持；其次，我国要加大区块链技术研发领域的资金投入，充分调动高校和科研机构的科研热情，提高科研工作的效率，增强科技创新的引领作用。最后，要加强对跨境支付企业的支持，减少资本在科技企业和创新项目上的投资顾虑，为跨境支付企业及其投资者创造一个和谐、稳定的投资环境。

（二）实现区块链技术和跨境支付深度融合

区块链不仅能应用于简单的跨境汇款业务，还可以被广泛地应用于跨境支付等其他相关服务。把区块链作为核心技术自主创新的重要突破口，借助其节点可验证、可追溯以及链条数字化、可视化等特点，不仅可以使国际贸易中交易双方的背景核查更为简便，使银行作业实现线上化、自动化，解决了传统国际贸易资金收付业务的痛点和难点[1]，还能够与跨境电商交易场景深度融合，实现贸易资金的全程跟踪与追溯，建立起资金追溯系统，降低支付风险，提升支付的整体安全度，这将是跨境支付发展的必由之路。

（三）拓展跨境支付对接广度

跨境支付可以利用区块链技术与国家外汇管理局的跨境金融区块链服务平台、国际贸易与金融服务平台进行对接，利用大数据自动化审核模型为进出口企业提供国际贸易订单融资、小额出口押汇融资，打造客户线上申请、自动审批、线上签约、自动生效、线上提款全流程的秒级化、极致化用户体验。另外，跨境支付还可以根据企业生命周期的阶段性需求提供数字化国际结算、贸易融资、代客外汇等多种不同的融资组合方案，为客户提供全方位的金融服务。

此外，区块链技术还可以应用于跨境电商电子票据系统的研发。区块链电子发票与传统的电子发票相比具有很大的不同，它可以将资金流与发票流相互结合，将发票开具和在线付款相结合，打通了发票申领、开票、报销、报税的全流程。区块链电子发票作为区块链技术中的一个重要应用场景，通过分布式记账、多方共识、非对称加密等技术，对整个开票报销流程进行了优化，使消费场景与纳税服务之间达到了无缝衔接。区块链电子发票具有全程完整追溯、信息不可篡改的特性，符合发票的逻辑，可以有效地规避伪造发票的风险，完善发票的监管流程。通过区块链电子发票，可以把发票的来源、真伪、入账等信息全部串联起来，包括每一个发票人的信息，从而有效地解决了发票在流转过程中出现的一票多报、虚报、虚抵、真伪难查等难题。同时，区块链电子发票还具有降低成本、简化流程、保障数据安全和隐私等优点，突破了传统的发票模式，企业可以在区块链上进行发票

---

① 许嘉扬.基于区块链技术的跨境支付系统创新研究[J].金融教育研究,2017,30(6):9-14+25.

的申领和报税，实现链上报销和收款；这对税务监管方、管理方来说，实现了监管全流程的科技创新，真正达成了税务管理的无纸化、智能化、流程可控化。

（四）重视区块链的相关风险

区块链技术在带来巨大价值的同时，也存在着不可忽略的风险。虽然区块链技术被视为新一代技术革命的关键，但是仍然存在着许多有待完善的地方。例如，区块链技术的共识机制。从整体上看，区块链技术在一定程度上会对金融创新等相关领域产生正面影响，但也会面临政策风险。然而，目前国内、国际上关于区块链的权威标准还处于空白状态，行业发展呈现碎片化，技术应用方面也具有一定的盲目性，这都不利于其技术落地和长远发展。目前来说，由于区块链技术的发展尚不够成熟，在实际应用中的范围有限，因此应重视区块链发展中的相关风险。

第四节　大数据技术在国际贸易物流业务中的应用

一、大数据在跨境物流领域的应用价值

随着大数据技术的不断发展和成熟，现在已经可以通过建立数据中心来发掘隐藏在数据背后的信息，继而为企业做出正确的决策提供支持，拓展企业的盈利空间。从 2012 年开始，我国相继出台了大数据相关的产业发展规划和政策，从多个方面促进了大数据的发展。

从广义的视角来说，大数据是为决策问题提供服务的大数据集、大数据技术和大数据应用的总称；从狭义的视角来说，大数据指具有大规模、高速度、多样化特征的、能够被现代数据处理技术进行分析和挖掘的数据集合。

物流大数据是指在物流过程中涉及到的数据与信息，包括运输、仓储、搬运、装卸、包装和流通等。利用大数据分析结果进行物流配送，可以有效地降低物流成本，充分满足顾客的需求。物流大数据将货物运输数据、物流快递公司、供需双方有效地整合在了一起，形成了一个庞大的实时物流信息平台，实现了物流快速、高效和经济的运转。信息平台的作用不仅在于为企业客户的物流活动提供了有效的管理服务，更重要的是，在深入分析了企业客户所在的整个供应链体系或整个行业的物流体系之后，能够给出具有指导作用的解决方案。许多专业从事物流数据信息平台的企业形成了物流大数据行业。物流大数据以消费者、商家、物流企业的数据为依托，为商家、物流企业提供预警预测分析，帮助物流企业提前获知某些信息，从而事先对物流资源进行适当的配置和整合。

跨境物流作为伴随跨境电商发展起来的国际贸易物流业务新模式，通过应用物流大数据可以实现物流的数字化发展，催生跨境物流新业态[1]。物流大数据在跨境物流领域的应用价值体现在两个方面。一方面，物流大数据可以对跨境电商市场进行数据分析，提高跨境物流的运营管理效率，合理分配资源，调整业务结构，确保每个业务均可盈利；另一方面，物流大数据的预测技术可根据全球消费者的消费偏好和消费习惯，预测消费者需求，规划运输路线和配送路线，缓解运输高峰期的物流压力，优化消费体验，提升客户黏性。

二、跨境物流的数字化发展

（一）大数据与智慧物流

2009 年，智能化、信息化、自动化技术所形成的一种新兴物流形态——智慧物流被首次提出。智慧物流的建设需要将以大数据为基础的各类智能技术整合起来，用于提升决策能力、实现精细管理、满足顾客需求，使物流成本最大程度地降低，物流效率最大程度地提升。

---

① 张敏洁.国内外物流业新业态发展研究[J].中国流通经济,2019,33(9):29-41.

智慧物流有三大特点：一是以数据为导向，利用大数据、互联网、人工智能等技术，建立物流信息平台，实现内部管理与外部服务的优化，从而为物流企业带来更多的经济效益和社会效益；二是信息联通，把物流运输看成一个系统工程，把政府部门、物流企业、社会客户的信息进行共享与连接，让数据和信息的传输变得更方便、更有效；三是智能化，把原本应该由人来做的繁重工作交给了机器，从而减少人力成本并提高管理效率。

　　智慧物流是一种新型的物流模式，大数据与智慧物流以数据共享和价值共通为纽带而联系在一起。一方面，物流过程中的各个环节都会产生海量的数据，数据的采集、挖掘、分析、应用对物流行业发展具有强劲的推动作用。另一方面，在当今的信息化社会中，数据作为一种无形的资产，对于各行各业，包括物流行业都有着巨大的应用价值。

　　大数据与智慧物流的结合将会带来以下三方面的价值：第一，大数据可以促进物流行业的个性化与精准化；第二，大数据可以促进物流流程的智能化与数字化；第三，大数据可以促进物流服务的平台化与融合化。从理论上讲，智慧物流是一项复杂的系统工程，它的实现离不开大数据的支撑。在实际操作中，许多大型的物流公司都把大数据运用到了物流实践中，这对大数据的发展起到了很大的推动作用。可以说，智慧物流的发展离不开大数据，同时又促进了大数据的发展，两者之间是相互融合、相互补充、相互促进的关系。

　　（二）跨境智慧物流的发展机遇

　　当跨境物流与大数据相结合，可以衍生出跨境智慧物流，展现出四大发展机遇，如图5-7所示。

图 5-7 跨境智慧物流的发展机遇

1.降本增效机遇

由于跨境物流周期长、成本高，跨境电商又以中小微企业为主，资金匮乏、人才不足、制度不健全等因素严重制约着跨境电商与跨境物流的发展。因此，通过与大数据技术的结合，可以建立完善的跨境智慧物流体系，将大、中、小型物流企业全部纳入跨境智慧物流系统。大数据时代的来临，使大数据技术得到了快速的发展，其核心技术包括大数据的采集、存储、检索、预处理、分析等，在跨境物流的各个方面都得到了广泛的应用，为数据的识别、传播和利用提供了有力的支持。跨国物流企业正是因为拥有海量的数据信息，才能建立起属于自己的数据平台，进而强化企业内部的人力资源管理，制定出各种决策方案，减少跨境物流成本，提高跨境物流效率。

2.优化决策机遇

跨境智慧物流的一个重要作用就是决策的优化。通过大数据技术，对跨境物流的数据进行数据挖掘，对跨境物流的运输数据、客户需求、货物库存等进行数据处理，从而精准计算出最佳的仓储位置、配送路径，使跨境物流决策的智能化、及时化和科学化水平大大提高。就跨境物流的整体来说，其决策过程包括规划与预测，前者以成本、时间为优化目标，通常应用于海外仓或边境仓的选址、运输路径优化、仓储科学布局等方面；而后者则是以管理与服务为最优目标，多用于库存、客户信用、设备维修等领域。在跨境物流企业中，利用大数据可以对企业管理、客户维护、资源配置等方面的决策提供重要的信息支撑。也就是说，掌握更为先进和成熟的大数据技术是一个跨境物流企业提升核心竞争力的关键。

3.精准管理机遇

跨境智慧物流管理包括物资管理、人员管理、信息管理、技术管理等多个方面，为跨境物流行业的发展提供了有力的指导和保障。跨境智慧物流网络平台借助大数据技术，将物流中的各环节和各行业进行有效的整合，并通过智能配对的方式，将竞价交易信息推送给有需求的一方，使跨境物流货物配送、质量安全和服务保障都实现了精准的资源配置。另外，通过大数据可以清晰地显示货物库存、操作规范等信息，实时监测仓库环境参数，在仓库发生紧急故障时能够快速响应，提高仓储工作的智能化、精准化管理水平。

4.提升服务机遇

随着人们物质生活的日益丰富，网上购物的需求不断扩大，消费者对跨境物流便捷服务体的追求程度也越来越高。跨境物流企业必须提供更加便捷、优质的服务，才能够增强国外消费者的信任，提高顾客的黏性。在大数据时代，跨境物流企业的服务品质得到了极大的提升，可以通过对来自不同国家或地区的不同群体的需求进行预测，从而更好地把握顾客的消费习惯，提高顾客的购物体验。通过科学决策可以及时地解决产品在运输中遇到的各种问题，并与顾客保持良好的沟通，为顾客提供个性化的专属服务。

三、跨境物流的发展策略

大数据时代跨境物流的发展虽在迎来了降本增效、优化决策、精准管理和提升服务的机遇的同时，也面临着数据收集困难、数据分析能力薄弱、数据安全问题突出、数据专业人才短缺等挑战。为此，大数据时代跨境物流的发展策略可以从以下五个方面切入。

（一）跨境物流发展需要国家的支持

目前，跨境物流业已经成为跨境电商发展的重要支撑，大数据技术已成为跨境物流业转型升级的关键。尤其是在当今以国内大循环为主体、国内国际双循环相互促进的新发展格局下，加快畅通物流大通道已成为重要的发力点，跨境物流业成为了我国产业经济数字化重要的落地方向和实践场景。目前，我国很多地方的交通瓶颈问题都得到了改善，但是交通的发展并不单单意味着道路的畅通，而意味着多维运输能力的增长，包括航运、铁路、水路等多方面的运输能力以及各种运输方式的衔接。跨境物流企业要尽量打通物理上的瓶颈，尤其是铁路、水路、公路等交通枢纽，以提高跨境物流企业的综合运输能力，这就离不开资金的扶持与政策的引导了。

（二）跨境物流发展需要技术的进一步升级

跨境物流的数字化发展带来的是资源的优化配置，以及产业链的运营和管理成本的减少。然而，跨境物流企业在数字化转型和提升过程中并非一帆风顺，初级的业务已经不能适应日益增长的顾客需求，客户期望的是更短的交货周期、更灵活的配送方案、定制的服务系统、更优化的供应链模式和可视化的信息数据。

具体而言，跨境物流的商品交付周期已经实现了大幅缩短，这在过去可能是一项跨境物流企业相互角逐的优势能力，但在当下这已经成为跨境物流企业赖以生存的必要条件。特别是生鲜、高档消费品等商品对稳定性、安全性、时效性的需求更加明显，必须配以更加灵活的运输方案，这就为供应链的发展提出了新的挑战。另外，仓储、运输、配送一体化的个性化服务也是很多跨境电商企业的首选，因此，跨境物流公司必须要构建一个更加完善的服务系统，为顾客提供优质的跨境物流服务，使其可以随时了解货物的具体位置和状况，从而确保所提供服务的精确度。这时，产品种类的增多、不同的交通工具的选择和地域的扩展，使得订单的执行更为困难。新的策略必须具有更大的灵活性，以满足每一位顾客的要求，保证在最短的时间内以最低的成本及时交货。收集来自整个供应链的数据可以为决策复盘提供更多的信息，促进后期决策更为合理。跨境物流系统及合作伙伴复杂程度的提高，导致了数据差异的产生，这就使得供应链的可视化要求越来越高。

针对在技术方面缺少信息化和落地经验的跨境物流企业，可以利用专业的第三方平台构建专属的跨境物流供应链管理系统，实现"采购—生产—库存—配送"链式结构中重要信息资源在供应网络中的流动，构成跨境物流供应链网络，实现实时查看分析报表、统计报表。跨境物流供应链管理系统能够支持多个仓库的管理需求，迅速地对分散在世界各地的客户进行统一的管理，并能有效地为众多不同的仓库提供差异化的服务。另外，各有关仓库之间还可以实现协同运作，形成一个统一的仓储服务系统，从全局角度进行集中部署，实现全面掌控和局部协调。

（三）跨境物流发展需要满足客户主要的业务需求

当前，我国跨境物流领域的顾客需求已由单一或多种运输模式转变为对终端服务的需要。这一点在传统的海上运输中尤为突出。为解决众多外贸企业与多个利益相关者的对接难题，部分海运平台采取线上线下一体化服务的方式，为企业提供差异化服务。一方面，适应市场的变化来调整价格。通过与船公司直接签订舱位避免了多重代理的繁琐流程和高昂成本，确保了价格的竞争性。另一方面，建立一个方便透明的网上体系。传统的物流供应链管理模式主要是依靠人力进行管理，信息不够透明，管理人员对整个仓储的状况知之甚少，缺少实时的追踪和管理。因此，企业可以通过构建一个先进的跨境物流供应链管理系统，在线实时报价，实时跟踪货物，将港口、船公司、仓库、拖车等信息节点连接起来，实现从发货地到目的地的全过程可视化。

（四）跨境物流发展需要完善线下服务网络

跨境物流企业要结合码头、仓库等资源建立健全的线下服务网络，在重点线路上搭建完善的国内外跨境物流供应商网络，保障端到端的服务能力。现在，已有部分大型跨境物流企业通过整合线上线下资源，提供线上交易、线下跨境物流配送、大数据分析及金融增值等服务，为传统国际贸易运输注入了新的活力。

（五）跨境物流发展需要优化管理战略

跨境物流企业的发展战略应从单纯的跨境物流服务提供商升级为提供一站式、端到端供应链解决方案的服务商，为客户提供货流、商流、资金流一体化的端到端的解决方案。通过与客户、供应商等跨境电商生态系统内的多个利益相关方合作，建立系统化的平台，升级跨境物流服务，从而获得利润空间的极限拓展。具体来说，跨境物流企业需要抓住"1+N"的发展方向，即1个强核心和N个跨界。1个强核心指跨境物流企业自身的核心能力，如专业、高效、全面的供应链系统，让客户基于核心能力产生忠诚度；N个跨界指基于自身核心能力往价值链上下游的极限拓展，提供跨交通方式、跨线上线下、跨价值链的一体化服务。

第六章　国际贸易融资方式的创新型发展

金融是经济和贸易的命脉，国际贸易融资方式的创新有利于保障国际贸易的资金平稳，促进国际贸易的持续发展。本章基于国际贸易发展与金融创新的关系分析了国际贸易融资方式的创新型发展，重点阐述了供应链金融和结构性融资在国际贸易融资中的创新应用，二者共同为国际贸易融资方式提供支持。

第一节　国际贸易发展与金融创新

一、国际贸易与金融创新的关系

金融创新是指为了满足经济发展需要，而在金融机构、金融制度、金融业务、金融工具以及金融市场等方面所进行的一系列变革。从宏观层面来说，金融业历史上的每一次重大的变革、突破都被视作一场金融创新，整个货币信用的发展史被视为金融创新史。金融创新包括金融技术、金融服务、金融产品、金融企业组织形式和管理方式等各个方面的创新。从微观层面来说，金融创新指的是金融工具的创新，包括信用创新型金融工具、风险转移型金融工具、提高流动型金融工具以及股权创造型金融工具。信用创新型金融工具可以用短期信用来实现中期信用，用来分散独立投资的风险。风险转移型金融工具指可以转移金融工具内在风险的各种创新工具，包括货币互换、利率互换等。提高流动型金融工具指可以在原有基础上提高变现能力和可转换功能的金融工具，如资产证券化等。股权创造型金融工具指可以实现债转股的金融工具，包括可转换债券等。

随着全球经济一体化进程的加快，金融创新在国际贸易中的地位越来越重要，对各个国家或地区的国际贸易都起着重要的推动作用。在实践中，不同国家、不同发展阶段的金融创新都会对国际贸易产生一定的影响，金融制度规则、金融约束等因素也会影响到国际贸易的方式和结构。金融和国际贸易在国民经济中起着举足轻重的作用，同时也是各个国家或地区间经济交流的重要渠道。随着经济一体化的深入发展，国际贸易和金融创新的融合与互动也在不断进行深化，二者的相互作用，如图6-1所示。

激发金融创新的需求，为金融创新提供丰富的应用实践场景和改进经验

改变国际贸易规模、方式、结构、风险、关系

图6-1　国际贸易与金融创新的相互作用

（一）金融创新对国际贸易的影响

金融创新对国际贸易的影响体现在多个方面，包括国际贸易的规模、方式、结构、风险以及关系。

1.金融创新促进国际贸易规模扩大

目前，世界上越来越多的国家开始关注金融创新，金融市场规模的扩大将会促进国民经济的持续发展，国民经济的发展必然会带动国际贸易规模的扩大。从经济学的观点来看，金融创新在提高金融资产的储蓄比例、提高社会投资水平、促进经济增长、促进国际贸易的可持续发展方面都有着积极的推动作用。国际贸易的规模直接受到金融创新的影响，因此，保持金融稳定、持续发展有利于国际贸易规模的不断扩大。

2.金融创新促进国际贸易方式转变

传统的国际贸易形式有包销、代理、寄售、招标等多种形式，但随着金融市场的改革，这种传统的国际贸易模式逐渐被打破，并逐步走向多元化。金融创新发展使得资本的集中度更高，有利于开展规模化生产和运营，并能更好地发挥规模效应。在这种经济模式下，租赁贸易等新的国际贸易方式也随之产生，从而促进了国际贸易方式的转变，更好地实现了国际贸易的增长。

3.金融创新改变国际贸易结构

从国际贸易的产品结构来看，经济发达国家的外贸盈利多以技术含量高的知识密集型产品为主，因而，这些国家把发展的重点聚焦在高技术含量产品上，提高其出口比重，改变了国际贸易的产品结构。这一趋势促使各国按照自己的技术优势进行贸易结构的调整。我国自2001年加入世贸组织以来金融市场开放程度日益增强，金融创新为外贸的发展注入了源源不断的动力，在外贸规模不断扩大的同时产品结构也在持续升级。

4.金融创新增加国际贸易风险

随着互联网技术在金融领域的不断渗透，当金融与互联网技术相结合之后，网络的虚拟性增加了互联网金融的风险，这种风险不可避免地渗透到国际贸易中，从而给国际贸易带来相应的风险。着眼当前的发展形势，互联网金融已经成为金融创新的主要方向，互联网金融对国际贸易的发展具有积极意义，但也潜藏着一定的风险。例如，利用互联网金融进行国际贸易融资业务，很容易引发信息安全风险，给国际贸易的主体造成损失。

5.金融创新改变国际贸易关系

由于全球经济趋于一体化，一国金融市场的变动或金融风险变化很可能引发全球金融市场的连锁反应，导致各国为保持国内市场稳定纷纷转变国际贸易立场，采取贸易保护措施，进而改变国际贸易关系。

（二）国际贸易对金融创新的作用

国际贸易对金融创新也有一定的促进作用。国际贸易的发展激发金融创新的需求，为金融创新提供丰富的应用实践场景和改进经验。

1.国际贸易的发展激发金融创新的需求

国际贸易的蓬勃发展带动了金融更加自由的发展。外贸企业的经营目标是将产品推向全球各个市场，在不断的发展中各种新的交易模式应运而生，拓展了金融服务的范围，新的国际贸易模式需要新的金融模式支持。例如，跨境电商对跨境支付业务的需求不断激发着跨境支付方式的创新。为了保证国际贸易新模式的顺利开展，金融服务必须不断创新以适应贸易的需求。

2.国际贸易为金融创新提供应用实践场景

金融领域的技术创新需要应用落地才能更好地实现发展，国际贸易涉及世界众多国家和地区，贸易方式多种多样，为金融技术创新提供了丰富的应用场景，促进了技术理论与实践的衔接。

3.国际贸易发展为金融创新提供改进经验

国际贸易活动的开展与交流能够为金融创新提供源源不断的经验。在国际贸易过程中，贸易双方主体需要进行货款的结算，这些资金的转移与结算均属于金融范畴，通过对交易的流程和经验进行总结和分析，能够获得有效的信息并利用这些信息对金融服务的流程进行更新，国家之间的贸易技术交流也为金融领域的技术发展提供了创新的灵感。

二、贸易金融的发展

（一）贸易金融的内涵与功能

随着经济全球化和金融创新的迅速发展，贸易金融也在经历着深刻的变革，从单一的贸易结算与融资发展到了服务整个产业链的阶段，形成了与投资、生产、运输、销售紧密结合的综合金融服务体系。贸易金融的业务已不仅仅局限于结算、融资、资金交易的基础业务，现已转变成为企业的产品和交易提供全方位的综合金融服务。

贸易金融包括六大功能，如图 6-2 所示。

图 6-2   贸易金融的功能

贸易结算是贸易金融最基本的功能，它为买卖双方提供了一个中间结算方，使交易过程更加顺畅，令交易的效率和质量在信息技术的支持下得到了提高。

贸易融资是贸易金融最核心的功能。在国际贸易融资工具中，传统的贸易融资工具包括国际保理、应收账款质押融资、订单融资等，除了这些以外，还有众多新型的贸易融资工具，当下极具发展潜力的是供应链金融和结构性融资。

信用担保功能是指银行为贸易参与者提供以提高信用为主要目标的金融增值服务，具体包括信用证、承兑、保兑、保函、保理等业务。信用担保在促进交易各方之间建立信任机制，降低交易风险等方面具有积极的推动作用。

风险管理功能是指在商品价格、利率、汇率持续波动的条件下，通过对贸易金融增值服务的创新，帮助客户有效地规避风险。例如，将贸易结算、贸易信用与部分避险产品结合起来，为公司提供一对一的理财服务。

财务管理功能是为产业链上的主体企业提供财务集中、资金归集、财务管理外包等增值服务。具体包括应收账款管理、财务报表优化、现金管理以及销售分户账管理等。这一功能可以扩大贸易金融服务系统，丰富贸易金融产品，拓宽银行的利润渠道。

增值服务功能是指借助与客户、政府部门的信息网络，依托强大的科技平台与企业系统对接，向客户和相关部门及时提供准确、有效的产品服务与信息支持服务，包括远期结售汇及衍生产品、网上开证和银关通等，提高客户黏性。

（二）我国贸易金融的发展成果

近年来，我国相关部门出台了多项政策措施稳外贸、稳外资、稳供应链、稳产业链，来应对国际贸易环境的新变化，加大了对外开放的力度，这些政策的制定和执行都收到了良好的成效。我国对外贸易持续健康发展，贸易金融业务稳定增长。根据中国银行业协会公布的数据，截至 2020 年底，包括工商银行、农业银行、中国银行、建设银行、交通银行在内的十多家银行的国际结算总额已达 7.64 万亿美元，同比增长超过 15%，国际贸易融资业务量达到 1.72 万亿美元，增长近 33%。

贸易金融对稳定外贸、促进外贸新业态发展具有积极的推动作用，主要表现在三个方面。一是贸易金融加大了对外贸企业融资支持的力度，保障了中小企业的经营发展。金融机构综合运用银团贷款、并购融资、项目融资、保函、国际结算、贸易融资、全球现金管理等产品，完善全链条金融服务方案，帮助外贸企业稳订单、拓市场、控风险。二是贸易金融助力推进自由贸易试验区及绿色产业等重点项目的建设，协助构建双循环新发展格局。三是充分利用金融专业优势稳定跨境供应链，为外贸企业提供跨境结算、汇兑交易、政策咨询等全方位的金融服务，提供覆盖采购、生产、装运、销售等环节的全链条融资方案。

面对外部环境变化对贸易金融业务的影响，我国金融机构正在积极采取以下几点措施来应对。一是以双循环为基础，依托供应链金融等新模式，由内而外实现国内国际金融业务的协同发展；二是把握自贸区和自贸港先试先行机遇，为国际经济合作提供便利，推行贸易融资和资产跨境转让业务试点，稳步推进人民币国际化；三是积极利用科技手段为贸易金融业务赋能，开辟更多业务场景，强化贸易金融产品的创新与应用。

（三）我国国际贸易融资方式的发展趋势

贸易融资作为贸易金融的核心业务，在国际贸易不断发展的基础上呈现出良好的发展态势，未来，国际贸易融资呈现四大发展趋势。

第一，国际贸易融资的绿色化发展。我国绿色贸易融资当前已经取得历史性的突破，在实现碳达峰碳中和目标的进程中，国际贸易融资将发挥更加重要的作用。绿色贸易融资是一个新兴的概念，目前国内尚无统一的应用规范体系。我国于2021年设立结构性货币政策工具——碳减排支持工具，来推动绿色贸易融资的发展。部分银行和其他金融机构也纷纷响应，推出助力绿色贸易金融的举措，例如中国建设银行推出的《绿色贸易融投资指引》，还有中国石油国际事业（伦敦）公司控股的贸易合资公司与伦敦渣打银行完成了欧洲首单绿色可持续发展贸易融资。

第二，技术推动国际贸易融资普惠性发展。2021年底，我国明确将"完善跨境金融服务平台，助力中小微企业和民营企业更好开展跨境贸易和投融资活动"作为2022年的工作重点。银保监会此前亦发布《关于2021年进一步推动小微企业金融服务高质量发展的通知》，鼓励银行为小微企业提供贸易融资服务，还指出金融机构要积极运用金融科技的力量，增强服务能力和服务效率。这些文件为国际贸易融资普惠性发展提供了方向指引。中小微企业的融资难题很大程度是银企信息不对称所致，随着信息技术的快速发展和广泛应用，数字技术在普惠型贸易融资方面将发挥更大的作用。如何更好地发挥金融科技的力量，为中小微企业提供更高质量的金融服务，将是未来贸易融资发展的重点。银行等金融机构应该积极运用"大智移云"等技术，实现数据共享和互联互通，提高普惠型贸易融资业务的智能响应、平台运作、线上高效交易等能力，做到更精准画像，为中小微企业贸易融资的审查审批提供便利的支撑条件，推动普惠型贸易融资业务的数字化转型，为中小微企业融资提供更优的解决方案。

第三，国际贸易融资与跨境电商深入融合发展。现阶段，跨境电商已成为国际贸易发展的新动力，拓展了与国际贸易融资的合作模式和合作场景。已有部分银行通过数字化升级转型，实现了信息采集、数据分析自动化水平的提高，改进了以往合作中存在的贸易主体背景审核流程长、贸易融资服务效率低的情况，为跨境电商提供更加快捷、便利的服务。还有部分银行针对跨境电商跨境收付款的场景，专门推出跨境电商一揽子综合服务方案，不单提供融资服务，还探索拓展了外汇避险、跨境保理等业务，实现了与跨境电商的深入合作。

第四，国际贸易融资方式的创新型发展，包括供应链金融和结构性融资两种方式。在国际贸易融资领域，供应链金融，在优化传统贸易融资方案方面具有显著作用，特别是在系统风险预警与控制、基于银企深度合作的一揽子贸易解决方案提供、授信服务效率与质量改进等领域有出色表现。运用供应链金融理念发掘国际贸易融资业务的潜力将成为发展的重点之一，它能够为企业经营提供更多有附加值的服务，协助企业更好地运营，增强供应链条的整体竞争力。另外，伴随全球范围内大宗商品和资本品贸易的增加，结构性融资应运而生，并成为未来贸易融资业务的一大发展趋势。

第二节　供应链金融在国际贸易融资中的应用

一、供应链金融的相关介绍

（一）供应链金融与传统金融

随着贸易方式的不断发展，同一供应链条上的贸易上下游企业相互影响、相互依存，贸易市场的竞争不再是企业之间的竞争，而是整个贸易链条上供应链与供应链之间的竞争。而链条上的中小企业使用传统的融资方式，往往无法取得所需要的融资支持，于是就产生了供应链金融。

从本质上来说，供应链金融是一种融资模式，银行将核心企业与其上下游企业看作一个整体，提供可以灵活配置的金融产品和服务。供应链金融是基于供应链管理的实体产业与金融业之间借助信息化手段实现协同发展的新模式，涉及在线电子商务交易、在线支付交易、在线融资交易、在线物流与供应链管理等众多环节，是一种具有集成性的金融创新产品，能够在提高风险控制能力的基础上实现低成本、高效率、高效益的集约化经营目标。

供应链金融与传统金融在信用评价方式、信用评级对象、信用评价范围以及授信主体、授信条件等多个方面存在差异，如表6-1所示。

表6-1　供应链金融与传统金融的对比

	供应链金融	传统金融
信用评级方式	单个企业或整条供应链	单个企业
信用评价对象	主体评级或债务评级	主体评级

续表

	供应链金融	传统金融
信用评级范围	整条供应链	单个企业
授信主体	单个企业或整条供应链	单个企业
授信条件	以商业票据为主	以不动产质押为主，动产质押为辅
风险控制方法	实时动态风险控制	静态控制
融资成本	较低	较高
融资目的	解决整条供应链资金需求	解决单个企业资金需求
金融服务效率	较高	较低

由表 6-1 可知，相比于传统金融，供应链金融在多个方面都具有更强的优势，能够为整条供应链解决融资需求，不仅能够更好地控制风险，还提高了金融服务效率。

（二）供应链金融融资模式

供应链金融融资模式主要包括应收账款融资模式、保兑仓融资模式和融通仓融资模式三种[①]。

1. 应收账款融资模式

应收账款融资是指融资企业凭借应收账款获得以商业银行为代表的金融机构提供的融资服务，通常以中小企业对供应链中的核心企业的应收账款单据凭证为质押。其中，商业银行、核心企业、融资企业是应收账款融资的三大主体。由银行向位于供应链上游的中小企业提供资金支持，作为债务企业的核心企业，因其良好的历史信用及其与银行长期稳定的信贷关系，对中小企业的融资起到了反担保的作用，如果中小企业无力偿付，那么核心企业也要承担相应的还款责任。融资公司通过应收账款融资筹集到的资金可以进行再生产，进而促进企

---

① 谢世清，何彬.国际供应链金融三种典型模式分析[J].经济理论与经济管理,2013(4):80-86.

业的资金流动。应收账款融资主要有质押、保理以及证券化三大主要方式，由此可以分为应收账款质押融资方式、应收账款转让融资方式（保理方式）和应收账款证券化融资方式。

2. 保兑仓融资模式

保兑仓融资模式是利用预付账款质押进行融资的模式。在供应链中处于下游的企业，往往需要向上游供应商预付账款才能获得企业持续生产、经营所需的原材料和产成品等。短期资金流转困难的企业，就可以运用保兑仓业务对某笔专门的预付账款进行融资，从而获得银行的短期信贷支持。通常情况下，保兑仓融资模式适用于供应链中的下游企业。由于供应链融资具有可转化性，在保兑仓融资模式下，货物和原材料都会被存放在银行指定的仓库中，后续的提货流程则属于融通仓模式。

在进行保兑仓融资时，要特别注意各种风险点，包括投保人的信用状况、质押商品的质量与价格波动、第三方物流企业的监管能力、操作过程中由于内部管理不善所导致的操作漏洞等。由于存在着这些风险，保兑仓业务不仅需要供应链的上游供应商、下游融资企业、银行的参与，还需要仓库监管机构的介入，主要负责对质押品进行评估和监管。保兑仓业务要求上游公司做出回购承诺，从而减少了银行的信贷风险。保兑仓融资模式可以实现分批付款和分批提货，无需一次全部付清，可以有效地减轻下游企业的短期资金紧张。

保兑仓融资可以减轻下游企业一次性预付的压力，有利于融资企业的杠杆采购与经销商的批量销售，在第三方物流企业的监督下降低了银行的运营风险，增强了银行对业务全过程的把控能力，充分挖掘了客户的融资潜力，为银行后续业务的持续开展储备了客源。综合来看，保兑仓融资能够为各方参与主体带来利益，在多方共赢的情况下，促进了社会生产的可持续运转，从而提升了整体的生产效率，优化了资源配置，实现了资本的循环。

3. 融通仓融资模式

融通仓融资模式是利用存货质押进行融资的模式。融通仓融资一般以贸易过程中的货物为质押，常常发生在企业由于存货量较大或库存周转较慢导致资金周转压力较大的情况下。在融通仓融资过程中，供应链企业为了防止市场价格波动造成的库存积压，通常在采购、销售阶段就会对库存进行控制，很少有在库存环节进行融资的情况。

融通仓融资模式可以细分为静态抵质押、动态抵质押和仓单质押三种方式。静态抵质押指企业以自有或第三方合法拥有的存货为抵质押进行融资。供应链企业委托第三方物流企业对其提供的抵质押货物进行监管，以汇款方式赎回。通过静态抵质押融资，企业可以促进积压存货的资金流动，用于扩大经营规模，待货物赎回后再进行滚动操作。动态抵质押指供应链企业对用于抵质押的商品价值设定一个最低限额，仅允许限额以上的商品出库，具有盘活存货的作用。该方式通常用于货物品类较为一致、库存稳定、抵质押货物核定简便的企业。由于动态抵质押可以授权第三方物流企业进行以货易货，因此对生产经营活动的影响较小。仓单质押包括标准仓单质押和普通仓单质押，二者的区别在于质押物是否为期货交割仓单。标准仓单质押指企业以自有或第三人合法拥有的标准仓单为质押的融资业务，适用于通过期货交易市场进行采购或销售的客户以及通过期货交易市场套期保值、规避经营风险的客户，具有手续简便、成本较低，流动性较强的特点。普通仓单指将客户提供的由仓库或第三方物流提供的非期货交割用仓单作为质押物，并对仓单做出融资出账，具有有价证券性质，因此对出具仓单的仓库或第三方物流公司资质要求比较高。

（三）我国供应链金融的发展

1998年，深圳发展银行（现平安银行）率先在广东地区开展货物质押业务，供应链金融在国内萌芽，但由于链条关系复杂等原因初期发展速度较为缓慢，随着近年利率市场化进程的加快，商业银行授信额度逐渐紧缩，供应链金融的活力被再次激发。随着互联网、大数据、云计算等技术的快速发展和普及，供应链金融不仅成为了银行业战略转型的加速器，也成为了当下互联网金融追逐的热火目标。

在政策和市场需求驱动的双重作用下，经过二十多年的发展，我国供应链金融经历了三个发展阶段，形成了具备多个主体参与、多种形式、多种属性、多重组合的供应链金融模式，如图6-3所示。

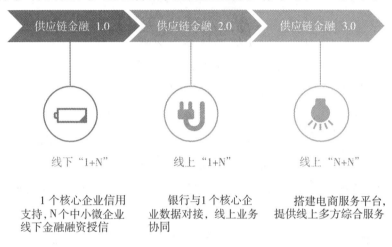

供应链金融 1.0	供应链金融 2.0	供应链金融 3.0
线下 "1+N"	线上 "1+N"	线上 "N+N"
1个核心企业信用支持，N个中小微企业线下金融融资授信	银行与1个核心企业数据对接，线上业务协同	搭建电商服务平台，提供线上多方综合服务

图6-3　我国供应链金融的发展历程

　　由图6-3可知，在供应链金融1.0阶段，各大银行以1家核心企业为信用基础，为与之处于同一产业链上的N家中小微企业提供信贷支持。这一阶段的供应链金融存在着银行难以把控库存数量的真实性和难以核查重复抵押行为的风险难点。在供应链金融2.0阶段，传统的线下供应链金融业务转移到了线上，使核心企业的数据与银行进行对接，让银行能够实时掌握核心企业和产业链上下游企业的仓储、付款等各种真实的经营信息。线上供应链金融可以确保多个企业之间的线上协同，提高业务的运行效率。但这一阶段还是以银行融资为主，资金交易被默认放在第一位。在供应链金融的3.0阶段，电子商务云服务平台的建立，打破了以往以融资为核心的供应链管理方式，转向了以企业的业务流程为核心。中小企业的订单、发货、收单、融资、仓储等业务活动均可在该平台开展，同时引入物流、第三方信息等，搭建起相应的服务平台。在此体系中，核心企业发挥了增信功能，提高了各类交易数据的可信度。

中商产业研究院研究报告显示，我国供应链金融市场发展迅速，各种供应链交易和业务的增长促使资产持续增长，供应链资产余额从2016年的16.7万亿元增加到了2021年的28.6万亿元，年均复合增长率为10.5%，这一数据表明我国供应链金融市场的体量在不断增长。银行及其他金融机构开始越来越多地利用供应链金融来为中小企业提供融资。通常由于缺乏可靠的财务资料及抵押物，金融机构难以评估企业的信用风险，故供应链金融对金融机构而言是最好的选择，这样可以让金融机构专注于企业的信用状况。截至2020年，中国共有4117家银行，银行提供的供应链金融总金额达17.4万亿元。除银行外，证券公司、信托公司及保险公司等其他金融机构在供应链金融资产证券化过程中也发挥着重要作用。截至2020年，中国共有133家证券公司，68家信托公司和240家保险公司。证券化产品的金额由2015年的近乎为0增至2019年的0.3万亿元，复合年增长率为322%，供应链金融行业发展前景十分广阔。

目前，我国供应链金融蓬勃发展，已经迈入数字化发展新阶段。国务院印发的《提升中小企业竞争力若干措施》中明确指出，要提升供应链金融的数字化水平。供应链金融与数字技术的深度结合能够有效解决各方信息不对称的问题，在满足小微企业融资需求方面效果显著。当下，众多科技企业纷纷依托自身技术优势，深耕供应链金融领域，致力于为更多的金融机构提供供应链金融解决方案，推动供应链金融数字化转型。

未来，我国供应链金融还将朝着数智化的方向迈进，供应链金融的数字化化能够在很大程度上解决一系列当下的融资难点问题，数智技术的不断创新与突破也会促使供应链金融开创更多的发展模式。

二、国际贸易供应链金融

（一）国际贸易供应链金融的内涵与特征

国际贸易供应链金融将供应链上的核心企业与上下游企业看作一

个整体，以核心企业为依托，以真实贸易为前提，运用自偿性贸易融资的方式，通过预付款融资、存货融资、应收账款融资、退税融资等手段锁定资金或者控制物权，为供应链上下游企业解决资金需求。立足国际贸易融资视角，供应链金融作为一种新兴的融资渠道，在资金信贷领域具有显著的优越性，不仅可以加快融资企业的资金流动，而且能够在把控风险的前提下提高银行的收入，实现企业与银行的共赢。

在国际贸易供应链融资过程中，银行要根据融资企业自身的供应特征，充分运用核心企业信用和物权等多种信用，设计多层次的融资解决方案来满足不同企业的融资需求。国际贸易供应链金融具备灵活性、组合性、自偿性、受外汇管理影响四点特征，如图 6-4 所示。

灵活性

　　灵活运用应收账款、预付账款、存货质押等方式应对融资风险，不强求固定资产抵押或担保

自偿性

　　从融资还款来源的自偿性、融资操作的封闭性、授信用途的特定化角度看，具备典型的贸易自偿性

组合性

　　受结算方式、融资产品、价格等因素影响，为供应链中的企业提供组合性服务方案

受外汇管理影响

　　受国家进出口外汇管理政策的影响较大

图 6-4　国际贸易供应链金融的特征

（二）供应链金融模式在国际贸易融资业务中的具体应用

　　包括应收账款融资模式、保兑仓融资模式和融通仓融资模式在内的一般供应链金融模式以及其他供应链金融模式在国际贸易融资业务中的具体应用如下。

1. 应收账款融资

在国际贸易中，应收账款融资通过信保项下应收账款买断来实现，属于无追索权的融资手段，主要解决采购商赊购需求下供应商的资金周转问题，确保供应商交货即可收到货款，由核心企业承担采购商的赊销账期，通过信保保险在银行买断应收账款，将采购商的应收账款转让给银行[①]。

2. 预付款融资

在国际贸易中，常见的预付款融资即订单融资，是一种在核心企业与供应商签订合同后支付预付款的融资行为，可以帮助供应商解决生产期的资金垫付问题，该融资方式通过两种具体的方式展开：一是基于历史交易数据或对供应商进行资信评估，在一定额度下支付预付款，对供应商提供预付款融资服务；二是通过帮供应商支付原材料货款，从源头解决供应商因购买原材料而垫付资金的问题。

3. 存货融资

在国际贸易中，存货融资指供应商在约定期限内将存货仅承诺回购的形式交付给核心外贸企业，核心外贸企业开立对应期限的远期银行承兑汇票，然后供应商将所有潜在客户提供给核心外贸企业并由其进行分批销售，在约定时间内若未完全销售完存货，则供应商按合同约定进行回购。

4. 退税融资

在国际贸易中，出口退税是国家运用税收杠杆奖励出口的一种措施，有利于增强本国商品在国际市场上的竞争力，为世界各国所采用。国际贸易核心企业可利用自身资金实力在银行授信，对服务客户提供出口退税垫付服务，单证齐全后，在几个工作日内即可将退税款垫付给供应商。通过退税融资，企业可以提前获得退款，促进资金流通，无需关注复杂的退税环节。我国目前正在进一步完善出口退税政策，加快出口退税进度，明确对信用评级高、纳税记录好的出口企业简化

---

① 刘孺泾. 分析国际贸易供应链金融的几种常见融资方式 [J]. 财经界,2021(11):64-65.

手续、缩短退税时间。

5.进口增信融资

在国际贸易中，基于国际信用证采购项下的贸易，由于国内采购商无银行授信，无法使用信用证进行支付，因此，在进口增信融资模式中，国内采购商可通过支付一定比例的预付金作为保证金，由核心企业对外开立全额信用证进行采购，货物交付后，核心企业将货物委托给第三方物流公司监管，对采购商实行分批销售，即采购商分批带款提货。

（三）国际贸易供应链融资风险与防范

在国际贸易供应链融资过程中面临着包括企业信用风险、银行内部操作风险、外部环境风险、法律法规风险在内的多种风险[①]，需要采取必要的措施进行积极的防范。

1.企业信用风险与防范

国际贸易供应链融资存在企业信用风险，企业信用风险包括核心企业的信用风险和供应链上中小企业的信用风险。一方面，核心企业是供应链金融授信的基础，一旦核心企业出现信用风险，整个供应链的信用基础就会坍塌；另一方面，对供应链上中小企业的全面资信调查暂时无法完全实现，尤其是国际贸易中涉及的境外供应链上的中小企业，其信用了解难度更高，信用风险也随之提升。

针对国际贸易供应链融资中的企业信用风险，可以利用多种境外渠道建立完善的国际贸易供应链准入管理体系，加强对境外授信企业的资金调查。银行可以有选择地针对经营状态稳定、贸易背景真实、资金和物流可控的企业链群提供供应链融资服务。

2.银行内部操作风险与防范

在国际贸易中，商业银行提供供应链融资服务，涉及复杂的操作步骤和大量的流程管理。在企业信用调查、服务方案设计、融资审批、放款及授信后管理等各个操作环节都可能由于操作不规范等原因造成

---

① 张志辉.供应链金融融资模式与风险研究 [J].知识经济,2016(1):39-40.

资金损失。

针对国际贸易供应链融资中的银行内部操作风险，商业银行可以合理运用国际贸易相关法律法规保护金融资产安全。首先，要提前研究国际贸易融资产品的使用问题，做好风险预警机制，形成专业化的业务操作规范；其次，要借助法律的力量，协调相关法律事务，加强对违约资产的控制力度，保护银行的资产。

3. 外部环境风险与防范

国际贸易供应链中企业的经营不仅会受到企业内部环境因素的影响，还会受到外部国际市场环境的影响，特别是供应链经营中面对的政策风险和市场风险，包括经济波动、外汇管制等都可能成为国际贸易融资的风险来源。外部环境变化会影响供应链整体的经营风险，因此，银行必须时刻关注国内外市场变化，防范所导致的风险。

针对国际贸易供应链融资中的外部环境风险，商业银行可以在充分研究市场信息的基础上制定合理的信贷政策来把控风险。在开展国际贸易供应链融资时，商业银行要投入大量技术和人力资源以深入研究市场信息，特别是对融资主体供应链所涉及的国家或地区的经济和市场状况进行详细调查，为业务部门和授信部门决策提供信息参考，以便制定合理的信贷政策引导国际贸易供应链融资业务的开展。

4. 法律法规风险与防范

当前我国的供应链金融还处于不断发展的上升期，相关法律法规的制定速度相比供应链金融的发展速度有一定的滞后性，可能会带来相关的融资风险。在国际贸易中，一旦发生贸易纠纷，各国法律法规之间的矛盾将不利于贸易纠纷的处理。

针对国际贸易供应链融资中的法律法规风险，银行应建立全球联合授信审批制度进行风险把控。为应对国际贸易供应链融资授信的复杂性，银行应将单一客户授信、集团授信、金融机构授信、跨国公司授信等授信要求进行统一整合，建立一个统一的标准，形成联合授信审批制度，改变当前仅考虑核心企业授信的情况，将供应链上的其他企业也纳入授信考虑范围，以此来实现对相关风险的把控。

三、国际贸易供应链融资发展策略

国际贸易供应链融资的发展可以从供应链内部与外部两个角度出发进行规划。从供应链内部来说，要实现供应链内部各主体企业之间的协同，促进供应链金融整体的数字化协同发展；从供应链外部来说，要在国家支持基础上，充分完善相关配套服务，建立国际贸易供应链金融生态体系。

（一）供应链内部数字化协同发展

要通过供应链融资来解决上下游企业的资金问题，实现稳定交易的目标，必须要协调上下游的运营，发挥协同效应，借助金融、科技、运营三轮驱动的服务模式帮助核心企业构建供应链金融生态。

在金融方面，要针对核心企业进行供应链金融业务的顶层设计，在产品层面提供全方位的专业服务，配置符合需求的资金渠道与产品，为客户量身定制专属的金融解决方案。具体来说，就是要打造多品类供应链及普惠金融产品体系。这是因为交易环节与应用场景复杂，产业链纵深长，供应链网络上下游企业融资需求复杂多样，单一的金融产品与资金渠道无法满足客户需求，所以需要强大的金融产品设计和渠道能力，帮助核心企业供应链生态配套多样化的融资产品与渠道。

在科技方面，面对多样化、多变的供应链场景和风险管理的精细化要求，需要具备强大的科技应用能力。这种应用能力不是指先进的底层科技研发能力，而是基于丰富的运营经验而形成的应用级科技研发与服务能力，包括发票的结算协同、票税协同技术，区块链技术，中登直连、自动下载及登记技术，AI中登验证技术，智能化协议管理技术，资产数字化中心等。要充分利用金融科技手段，结合供应链、保理、质押、票据、赊销等场景，设计风控管理体系来满足各类风控管理需求，建设供应链、信用、保理、征信等系统来满足各类金融系统开发需求。

在运营方面，供应链融资主要面向中小微企业，这些企业的特点是数量多、需求散、规模小，而且不同行业、不同场景、不同客户有不同的需求，不同资金方的管理机制与风险偏好也不同。要实现资金供需双方的精准匹配与高效链接，实现项目又快又好地落地，实现全流程的高效运作，需要建立标准化、柔性化、数字化、智能化、流水化、贴身化的运营体系。具体而言，可以建立共享运营服务中心，以共享和精益为核心原则，输出标准化与柔性化、数字化与智能化、流水化与贴身化的运营服务，基于强大的共享运营能力，创新运营管理模式，对资产验证服务框架进行升级，结合数字化技术形成高效的交付能力，使核心企业供应链生态伙伴在无需重复建设、高效精准链接、精益管理的基础上实现多方共赢。

（二）健全外部支撑体系

发展国际贸易供应链融资要健全供应链外部支撑体系，具体包括以下三个方面。

首先，要优化国家信贷政策。一方面，在资金上有所支持，设立供应链融资专项额度，安排专项信贷规模，主动向产业链供应链各方减费让利，加大对民营、普惠领域的扶持力度。充分挖掘整合企业信用信息，合理引入增信安排。另一方面，要实施差异化信贷管理，针对供应链融资业务特点制定差异化信贷政策，改进传统授信模式，充分运用"链式"信贷思维，由单纯的"主体信用"授信模式向"标的信用""数据信用"等场景化授信模式转变，在信贷准入、发放支付、贷后管理等信贷流程以及担保方式、利率定价等信贷结构方面实施差异化管理，完善供应链融资产品体系。

其次，要加大对核心企业的支持力度，提高上下游企业的融资效率。在有效控制风险的前提下，综合运用信贷、债券等工具，支持核心企业提高融资能力和流动性管理水平，畅通和稳定上下游产业链条。对试点企业，银行业金融机构应建立绿色通道，及时响应合理的融资需求。充分发挥核心企业在商流、物流、信息流、资金流方面"四流合一"的优势，减少对核心企业的硬担保依赖，扩大信用贷款规模，提高信用贷款比重。大力发展应收账款、仓单和存货质押、预付款等融资产品，加大对上下游中小微企业的信贷支持，提升中小微企业的信贷获得感。优化核心企业确权手续，有效调动核心企业支持上下游企业的积极性。

最后，要严格监管约束，强化风险防控。牢牢守住贸易背景真实的风险底线，充分运用物联网、区块链等信息技术手段，加强贸易真实性尽职审查，维护产业生态良性循环。建立并完善规范的流程管理和内控机制，严防供应链金融风险。加强核心企业信用风险管理，强化对核心企业经营状况、核心企业与上下游企业交易情况的动态监控。

第三节　结构性融资在国际贸易融资中的应用

一、结构性融资相关介绍

在供应链融资发展兴起后，结构性融资作为一种新型融资模式也随之出现并应用于国际贸易融资业务中。从传统的贸易融资模式向结构性贸易融资模式转变，是当今国际贸易融资发展的一个主要方向，也是我国对外贸易融资的重要创新。

与传统贸易融资模式相比，结构性融资并非一种单一明确的融资手段，而是将国际贸易流程的各环节看作一个整体的金融服务对象，在综合考虑该服务对象具体融资需求、信用情况、风险承担能力、贷款期限等因素的基础上，灵活运用多种传统与新型贸易融资方式进行最优组合，提供最合理的融资方案。简单来说，结构性融资可以综合运用多种贸易融资方式为国际贸易项目量身定做组合融资方案。

与供应链融资相比，结构性融资同样属于金融机构的信贷项目，可以面向中小企业提供融资服务。基于这一角度，结构性融资可视作银行等金融机构为商品的出口商以其已经持有的或者未来将要持有的商品权利为担保，以抵押或者质押的方式提供的短期融资服务，包括应收账款融资、存货融资和仓单融资等多种方式。应收账款融资是出口商在发出货物后，将出口合同和应收账款作为担保获得银行提供的有追索权的融资。存货融资是出口商将银行指定的存货作为担保获得银行融资。存货融资与应收账款融资的区别在于融资时是否发货。仓单融资是出口商通过将存货后获得的仓单质押获得银行融资。结构性融资更偏向于以货物进行抵押或质押，侧重于产品的保值和将来权益的兑现。根据不同的商品特性，还可能涉及期货交易，从这一角度来说，结构性融资多适用于大宗商品的融资。

供应链金融在融资授信时需要重点关注供应链上的核心企业，将核心企业的资信情况作为授信的基础，结构性融资在授信时则更加重视供应链上下游的耦合强度，着眼于项目本身而非企业的历史信用。供应链金融强调为整条产业链解决融资需求，重点在于融资服务对象的创新。而结构性融资强调为融资服务对象量身定做结构性组合融资方案，本质上是一种融资技术的创新。换言之，结构性融资既可以为单一企业服务，也可以为整条供应链服务。供应链金融既可以是结构性融资，也可以是非结构性融资。

从未来的发展趋势看，最有效的融资方式是供应链金融与结构性融资的结合。供应链金融需要结构性方案设计，结合供应链的实际情况，通过运用多种融资方式，为供应链条整体提供个性化解决方案。结构性融资可以使供应链金融从本质上区别于传统授信，使供应链融资同时满足多种授信理念的融合。

二、国际贸易中结构性融资的应用

国际贸易中结构性融资的应用体现在五个方面，如图 6-5 所示。

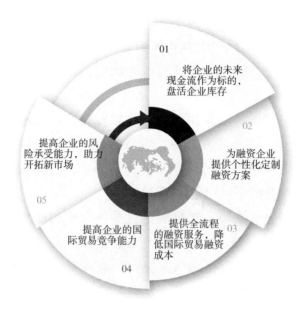

图6-5　国际贸易中结构性融资的应用

（一）将企业未来现金流作为标的，盘活企业库存

在国际贸易中，结构性融资可以将企业的未来现金流作为标的，盘活企业的库存。

结构性融资改变了传统的融资思路和担保方式，不仅可以将企业已经持有的商品作为担保，还可以将未来将要持有的商品权利作为担保，即将企业未来现金流作为特定标的进行融资。在融资授信时，不再单纯关注企业的历史信用水平，而是更在意项目本身是否有可靠的还款来源，关注项目未来的现金流和交易情况。在传统贸易融资审查中，银行会重点考察企业的真实背景、历史信用情况，以保证其融资规模与公司自身的资金规模匹配，贷款期限与贸易周期相匹配，确保每笔融资业务发生后的资金回笼，这给很多固定资产较少、缺乏担保品的中小外贸企业融资造成了一定的阻碍。而结构性融资创造性地将企业的未来现金流作为标的，盘活了企业的库存，只要贸易真实有效，就可以获得融资，利用不断发生的真实交易滚动获取贸易业务发展需要的资信，充分满足了融资需求。

（二）为融资企业提供个性化定制融资方案

在国际贸易中，结构性融资可以为融资企业提供个性化定制融资方案。

结构性融资可以灵活运用多种贸易融资方式，与传统贸易信贷和结算方式相融合，整合各方资源，重新整合现有贸易融资工具、结算工具，以适应不同的国际贸易项目和社会环境，为国际贸易的买方和卖方提供都能接受的个性化定制融资方案。

对中小外贸企业来说，这种灵活性的作用更为凸显，中小企业具有规模小、业务非常规、非标准等特征，而传统的融资模式常常因其"从大从强"的定位而往往选择大公司为服务对象，难以满足中小企业的融资需求。结构性融资会量身定制融资方案，忽略企业的特殊性，可以应用于非常规的、非标准的、复杂的、高风险的创业型中小企业。

对大宗商品交易来说，现阶段，我国已经成为国际贸易商品的重要需求方，而由于大宗商品的价格持续上涨，很多传统的贸易融资方式很难适应融资企业对信息流、物流和资金流的需求，而结构性融资恰好可以满足这一需求。通过开展结构性融资业务，可以实现信息流、物流和资金流的集成和管理，为企业提供个性化的融资方案。以铜、铝、锌等基本金属交易中的囤货融资为例，由于这些基本金属贸易时常面临价格变动和服务价格变动，带来相应的融资风险，要想降低这些金融风险则需要借助套期保值和融资。国际上众多银行都会对这种标准化高、流动性好的基本金属期货交易提供结构性融资。

（三）提供全流程的融资服务，降低国际贸易融资成本

在国际贸易中，结构性融资可以提供全流程的融资服务，降低国际贸易融资成本。

结构性融资将传统的贸易融资方式和新型贸易融资方式相结合，把国际贸易整体流程看作是融资对象。通过多种融资方式的结构性组合，为企业提供贸易全流程的融资服务，充分降低了企业的整体融资

成本，有效提高了国际贸易的效率。全流程的融资方案使企业可以将重点放在促进贸易进程上，不需要担心某个环节的资金链断裂，这种资源集中的运作方式提高了企业的运作效率，填补其自身的资源短缺，享受到了风险分担、成果共享的益处。

例如，中信银行在了解到云南省某外贸龙头企业境外子公司的大宗商品采购需求后，中信银行昆明分行以"授信＋结算""政策＋产品"的策略，为该公司制定了国际贸易融资方案，并开通绿色审批通道，仅用 2 周时间为该公司境外子公司提供了 5000 万美元自贸区 NRA 账户国际贸易融资。本次融资服务设置了自贸区信贷审批绿色通道及定价优惠政策，为自贸业务提供了高效、便利的金融服务，降低了外贸企业融资成本。

（四）提高企业的国际贸易竞争能力

在国际贸易中，结构性融资可以提高企业的国际贸易竞争能力。

在目前的买方市场状况下，国际竞争已不仅仅局限于价格和质量上的竞争，能否给进口商提供更好的付款方式已成为影响到出口商能否赢得更多的订单的一个关键因素。尤其是我国外贸未来的新兴市场将在于亚洲、拉美、非洲等国家或地区，进口商很可能无法提前支付预付款项。虽然国内的公司可以供应优质价廉的商品，但是如果付款条件限制较多则可能导致交易过程不够顺利。在这种情况下，结构性融资可以帮助解决这一矛盾，结构性融资可以为企业提供更加综合性的服务，帮助出口商消化不利的付款条件，促进贸易的达成，提高其在国际贸易市场竞争中的优势。

（五）提高企业的风险承受能力，助力开拓新市场

在国际贸易中，结构性融资能够提高企业的风险承受能力，助力开拓新市场。

风险承受能力是外贸企业发展的重要能力，结构性融资为外贸企业转嫁风险提供了手段。在结构性融资中，银行会充分结合采购、运输、仓储、销售、保险等贸易业务的复杂性和融资企业的融资需求，

提供全程的结构性融资方案；这样不仅能满足企业的融资需求，还能把控各个环节的风险，在降低融资成本的同时兼顾风险管理，提高了企业的风险承受能力，助力其开拓新的国际贸易市场。例如，银行用出口商信用作为前期生产贷款的担保，用进口商信用作为延期付款的担保，将两者结合形成结构性融资方案，可以让出口商把银行要求的借款担保转变为履约担保，从而大幅减少融资成本，而进口商也可以获得较低利率的中长期贸易资金。

三、国际贸易结构性融资发展策略

国际贸易结构性融资的发展策略包括以下三个方面，如图6-6所示。

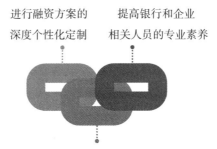

图 6-6　国际贸易结构性融资的发展策略

（一）进行融资方案的深度个性化定制

想要实现结构性融资在国际贸易中的深入发展，就要进行融资方案的深度个性化定制。

一方面，商业银行要积极创新国际贸易融资产品。国际贸易融资产品的设计要与贸易链有机结合，从贸易环节出发设计产品，才能有效地解决企业在采购和销售中的融资需求。银行可通过对企业上下游贸易链所产生的资金流、物流的跟踪，设计符合客户需求的融资产品。银行可通过与物流公司的合作，设计物流融资产品，由专业的物流公司负责进出口商品的报关、报检、运输、监管，以实现银行对物权的有效控制。有了物权的保障，银行就可以不仅着眼于企业的规模等方面，还可以适当放宽授信条件，为企业进行资金融通。针对国际贸易融资业务的特点，创新思维，制订适应国际贸易融资特点的、操作性强的担保方案，面向贸易全流程灵活运用多种融资方式组合。

另一方面，商业银行要深度挖掘企业的个性需求，量身定做国际贸易融资产品，将传统方式与新的国际贸易融资方式结合起来，使国际贸易融资服务"增值"。例如，根据部分大客户的出口项目需要，银行为企业提供集预付款保函、信用证保兑、打包贷款、出口押汇、福费廷于一体的综合性服务。亦可根据客户的需求，为客户提供包括订单融资，动产质押开证、进出口保理、全球互联网托收、网上开证等不同类型的创新产品，满足客户在不同贸易环节中的个性化需求，利用科技平台为企业提供高效优质的增值服务。

（二）把控国际贸易融资的风险管理

与传统的贸易融资相比，结构性的贸易融资对风险管理的要求更高。国际贸易融资专业性较强，风险因素涉及层面相对较多，其风险管理是整个银行风险管理的一个有机组成部分，而且其具有自身的不同特性，必须在风险管理的内容、管理方式、管理机制以及管理技术等方面进行转变，树立理性和符合市场需求的风险管理理念，健全和完善科学有效的国际贸易融资风险管理体系，才能把控国际贸易融资的风险管理。

首先，在银行授信环节，要根据不同的国际贸易融资产品的特点建立不同的判别标准。不同种类的国际贸易融资业务所涉及的风险，及该业务所能提供的保证、抵押或质押要求都有区别，银行所承担的业务风险也因此有很大不同，银行应根据不同国际贸易融资产品的特点制订相应的产品标准及对客户的授信标准。

其次，还可以采取风险转移策略，充分引入第三方金融机构的信用，在一定程度上规避企业面临的市场风险、信用风险和进口国的国家风险。例如，企业有改善财务报表和加快核销退税的需求，可使用无须担保的福费廷、应收账款买断、无追索权的国际保理业务等。积极鼓励出口企业投保出口信用险。短期出口信用险项下国际贸易融资业务集保险与融资于一身，投保企业既可得到付款的保证，又可得到融资的便利，出口商在向银行申请办理国际贸易融资业务之前投保短期出口信用险，无疑给融资银行添加了一层保障，有利于申请企业取得银行的融资支持。

再次，银行要认真研究国际贸易融资相关法律规定，防范法律风险。银行一方面要积极争取立法部门建立与国际接轨的法律法规，明确相关法律规定，同时应收集和分析近年来我国关于贸易融资业务的法律案例和资料，分析国际惯例与我国现行的法律环境，据此不断改进 b 并完善自身的产品设计，制订切实可行的操作方案，在银行内部建立规范化的业务操作程序，以经过仔细研究的合同文本凭证格式等规避可能出现的法律风险。

最后，为防范进口押汇业务中签发信托收据可能带来的法律纠纷，银行所出具的进口押汇合同、信托收据及保证合同等文件的基本内容应连贯一致，信托收据应明确银行对货物的所有权，而不是抵押权或质押权，同时应明确信托关系。保证合同中应明确银行以信托收据形式放单不能免除保证人责任。对需要进行权利登记的信托收据项下的货物，银行应按法定要求进行登记。

（三）提高银行和企业相关人员的专业素养

在银行层面，国际贸易融资需要从业人员具有相应的信贷业务知识，能够分析评价客户的信用；具备国际结算知识，能够分析辨别国际结算和国际贸易融资业务中的风险；并掌握国际贸易知识，能够了解国际市场的变化特点。因此，必须提高国际贸易融资业务相关人员的专业素养。

在企业层面，要加强对企业相关人员的培训，促进其对银行贸易融资产品的了解，理解各类产品的特点和实质，适时向企业推介合适的业务品种，发挥理财顾问的作用。例如，在进口信用证业务中，进口商可利用银行提供的假远期信用证方式实现远期付汇的目的。

第七章 国际贸易实务发展结论与展望

根据上文的研究可以发现，国际贸易绿色化、数字化、创新型的发展趋势并非相互独立，而是相辅相成、相互渗透的。国际贸易的绿色化发展对技术进步与金融创新提出了更高的要求，国际贸易的数字化发展为环境保护和金融创新提供了可实现的路径，国际贸易融资方式的创新为环境保护和技术进步提供了资金保障。国际贸易的三大发展趋势相互交叉、共融共生，共同铺就了一条全新的国际贸易发展道路。

第一节　国际贸易实务发展结论

一、国际贸易绿色化发展结论

目前，国际贸易的绿色发展战略在世界范围内得到了清晰的体现，绿色贸易壁垒仍是引发国际贸易和环境保护矛盾的主要原因。绿色理念在三个层面推动国际贸易的高质量发展：一是对绿色商品的需求能够使国际贸易的商品结构得到最优化；二是环保标准的提高在全球范围内提升了各国产品的绿色竞争力；三是环境保护能够重构国际贸易的产业链。总之，环境保护从多维层面促进了国际贸易的健康发展。同时，随着全球贸易的发展，商品、技术、劳务等资源在全球范围内的流动不断加快，对优化资源配置、降低环境成本、促进环保技术和产品的推广起到了积极的推动作用。虽然国际贸易和环境保护能够互相推动，但两者之间的矛盾却是普遍存在的，起到相互约束的作用。要在国际贸易和环境保护之间谋求平衡之道，就需要建立起以"绿色"为导向的发展策略，形成绿色发展政策体系，并在此基础上，将环保产业作为发展的重点。

绿色化发展需要国家政策的大力扶持，为推动绿色化发展，我国在多方面出台了一系列的政策，形成了产业政策、贸易政策、消费政策、财税政策、信贷政策、外汇政策为一体的绿色政策体系，为我国对外贸易的发展提供了完善的政策指引。同时，采取各种切实而有效的措施助力产业转型、发展绿色消费，倡导绿色贸易，全面支持节能环保工作和生态文明建设。在这一过程中，要从创新、协调、开放和共享的角度，使我国的绿色政策制度得到全方位的提升，从而促进国际贸易绿色化发展的大步迈进。

在绿色化发展战略和绿色政策体系的共同作用下，环境保护产业已逐渐被世界各国所重视。近年来，我国大力发展环保产业，其相关的市场也日益壮大。经过多年的发展，我国环保产业已经实现了从无到有并取得了良好的发展成果。如今"双碳"时代到来，环境保护产业将会迎来更多的发展机遇，许多大型公司都在进行着积极的规划，我国多样化的绿色、环保、新型产品正受到来自世界各地进口商的欢迎。在国际贸易视角下，环保产业可以从强化宣传引导、优化产业布局、加强国际合作三个角度出发进行发展策略的制定，为促进国际贸易的绿色化发展贡献产业力量。

二、国际贸易数字化发展结论

互联网技术的进步和数字经济的发展带给了国际贸易翻天覆地的变化，跨境电商的出现打破了时间和空间的限制，缩短了贸易的中间通道，大大减少了贸易信息的不对称性，为更多的国家和中小企业创造了新的发展机会，充分展现出国际贸易的包容性和普惠性。

国际贸易和技术进步是相互促进、相互成就的。科技的发展是促进世界经济发展的重要力量，也是促进国际贸易持续壮大的全新动力。同时，国际贸易的发展也为技术进步提供了机会，促进相关技术人员不断地产生新的想法和新的灵感。在国际贸易发展过程中，技术进步不但对国际贸易发展的速度、质量产生促进作用，而且对国际经贸交流与合作起到了推动作用。然而，技术进步也会造成国际贸易中技术性贸易措施的升级，给国际贸易增添阻碍。在技术进步方面，国际贸易也有正面作用，其具体表现为：推动技术交流与合作、通过总结国际贸易客户的回馈来促进技术改进、通过国际贸易的竞争来推动技术革新。国际贸易领域的技术性贸易措施也在倒逼技术的创新，各国为了积极应对技术性贸易措施必须不断提高自身的技术水平。

从国际贸易数字化发展历程来看，数字化的国际贸易经历了三个发展时期，分别为贸易信息展示平台、贸易在线交易平台、贸易产业链综合服务平台，目前正在迈向数字化贸易的商业操作系统的阶段。我国对国际贸易数字化发展的重视主要出于三个方面的原因：一是国际贸易数字化是刺激国际贸易增长的新动能，有助于完成稳定的对外贸易目标；二是国际贸易数字化是助力国际贸易绿色化发展的重要推手；三是国际贸易数字化能够提高国家的竞争能力。

在这三大因素的影响下，我们需要制定相应的发展战略。首先，要重视发展跨境电商，加强各个领域的尖端技术在跨境电商各个环节的综合运用。其次，要夯实我国数字经济和数字产业的基础，为跨境电商的发展提供保障。再次，要培育国内的电商市场，鼓励国内的公司"走出去"，把自身的发展能力转化为参与全球竞争的能力，主动融入国际大循环，扩大国际市场，早日和世界接轨，为我国企业"走出去"营造良好的营商环境。最后，我国要尽快制定数字贸易整体发展规划，积极参与全球数字贸易规则的制定。

跨境电商平台就是互联网平台在国际贸易交易业务中的应用典型，是一种新型的国际化商务发展方式。跨境电商平台的功能设计得完善，可以节约更多的时间和劳动力，也可以提高经营的总体效益。总体而言，当前跨境电商平台具有多平台功能、供需信息匹配功能、市场营销功能、沟通交流功能、自助交易功能、数据管理功能以及其他配套系统功能。发展跨境电商要抓住消费者的核心需求，建设品牌独立站，进行平台系统智能化运营。

跨境支付是区块链技术在国际贸易结算业务中的应用典型。由于区块链具有信任共识、信息不可篡改、开放性等特点，因此，将区块链技术应用到支付领域可以创新支付模式，在结算的双方主体之间实现资金点对点的直接流动，双方主体共同参与支付验证，降低跨境支付风险，提高跨境支付效率，节约银行资源。今后，在特定的应用环境下，跨境支付将会发生更多的变化，需要加快推进区块链技术的研发，深化与国际贸易结算业务的融合，不断扩大跨境支付的对接广度，并注意把控区块链技术的相关风险。

跨境物流是大数据技术在国际贸易物流业务中的应用典型。在国际物流业中，运用物流大数据进行有效的经营与管理可以优化物流资源配置，同时对顾客的需求进行预期，提供最优的消费体验。在大数据的推动下，我国的跨境物流业发展必须把握好以下五个方面：一是要有国家的扶持；二是提高数字物流的技术水平；三是充分满足顾客的多元业务需求；四是建立健全我国物流线下服务网络；五是实施有效的经营管理战略以保证跨境物流各环节的协同运行。

三、国际贸易融资方式创新型发展结论

金融是我国国民经济与国际贸易的资金生命线，开展国际贸易融资方式的创新，对保证我国对外贸易资金安全、推动对外贸易可持续发展具有重要意义。在世界范围内，随着世界经济的不断融合，金融创新逐渐发挥着越来越重要的作用。金融创新对国际贸易的影响体现在多个方面，包括国际贸易的规模、方式、结构、风险以及关系等。国际贸易的发展也会在某种程度上推动金融创新。国际贸易的发展催生了对金融创新的需要，为金融创新的实际运用和完善提供了大量的实践案例。

在全球范围内，国际贸易融资方式正在发生着巨大的变化，服务对象由单纯的交易融资企业转变成了贸易全链条企业，为链条上的核心企业与其他上下游企业提供全流程的贸易融资服务，形成了一个与投资、生产、运输、销售紧密结合的一体化的金融服务系统。贸易融

资是贸易金融最为核心的业务版块。在国际贸易融资中，除国际保理业务、应收账款抵押融资、订单融资等传统的国际贸易融资工具外，目前最具发展潜力的新型国际贸易融资工具包括供应链金融和结构性融资。

本书认为，传统的贸易融资方式存在着一定的局限性。基于国际贸易的角度，供应链金融是一种新型的融资方式，在资金信贷领域有着明显的优势。供应链贸易融资就是将供应链上的核心企业与上下游企业看作一个整体，以核心企业为依托，以真实贸易为前提，为供应链上下游企业解决资金需求，既可以加速融资企业资金的流通，又可以在控制风险的同时增加银行的收益，达到双赢的目的。企业信用风险、银行内部操作风险、外部环境风险、法律法规风险等诸多风险是当前国际贸易企业融资所面临的问题，需要采取必要的措施进行积极的防范。国际贸易供应链融资的发展可以从供应链内部与外部两个角度出发进行规划。从供应链内部来说，要实现供应链内部各主体企业之间的协同，促进供应链金融整体的数字化协同发展；从供应链外部来说，要在国家支持的基础上，充分完善相关配套服务，建立国际贸易供应链金融生态体系。

随着供应链金融的发展，国际贸易融资业务中也开始采用结构性的融资方式。结构性贸易融资不是一种单一、明确的融资方式，而是把整个国际贸易过程作为一个整体的融资服务对象，通过各种不同的贸易融资方式的组合，为融资对象提供量身定做的个性化融资方案。

与供应链金融相同，结构性贸易融资也可以为中小型企业提供金融支持。在授信过程中，结构性融资注重供应链上游和下游的链接，注重贸易项目本身而不绝对强调企业的历史信用。最高效的贸易融资方式是将结构性融资和供应链金融相结合。供应链金融需要结构性方案设计，结合供应链的实际情况，通过运用多种融资方式，为供应链条整体提供个性化解决方案。结构性融资可以使供应链金融从本质上区别于传统授信，使供应链融资同时满足多种授信理念的融合。国际贸易中结构性融资的应用价值体现在五个方面：一是将企业的未来现金流作为标的，盘活企业的库存；二是为融资企业提供个性化定制融资方案；三是提供全流程的融资服务，降低国际贸易融资成本；四是提高企业的国际贸易竞争能力；五是提高企业的风险承受能力，助力开拓新市场。要实现国际贸易结构性融资的发展，就必须进行融资方案的深度个性化定制，把控国际贸易融资的风险管理，提高银行和企业相关人员的专业素养。

第二节　国际贸易实务发展展望

2021 年是我国"十四五"规划的开局之年，面对国内外复杂的形势，我国的经济和贸易发展始终处于全球前列，外贸增速超过预期，为世界经济的恢复作出了重大的贡献。2022 年，我国面临着需求收缩、供给冲击和预期转弱的三重压力，同时也面临着更加复杂、严峻的国际贸易环境。对此，我国对外贸易发展必须把稳定作为首要任务，维持总体良好的发展态势。

一、发展绿色低碳型国际贸易

在环保思想日益根深蒂固的今天，世界上众多国家都在积极推进低碳环保产业的发展。在全球范围内，温室气体核算体系标准、低碳供应链、能源和气候变化标准都会对国际贸易的发展产生重要的影响。随着开放程度的加深，我国更多的外贸公司和生产企业清楚地认识到低碳经济对国际贸易规则的驱动力量，积极投身于发展绿色、低碳的国际贸易。与此同时，我国积极参与世界范围内的碳排放法规制定，加强对民营标准和低碳规则的重视以及低碳技术的创新，全面提高"中国制造"在国际贸易中的竞争能力。具体来说，我国可以从以下四个方面着手推进我国绿色低碳型贸易的发展。

首先，我国应该积极参加制订国际低碳标准。ISO（国际标准化组织）制定的低碳标准起到了很大的作用，我国应加强对低碳标准的关注，积极参与有关低碳贸易的国际标准的制订，为我国企业赢得国际市场的话语权，增强我国产品的出口竞争力以及我国品牌在世界范围内的竞争优势。

其次，我国应该重视区域贸易协议的相关规则。在今天，很多区域贸易协定都涉及气候和能源问题。近几年，我国签订了一系列的区域贸易协定，使我国同邻近的一些国家和地区的经济合作得到了加强。在世界经济发展和市场竞争日趋激烈的今天，我国应该重视区域贸易协定的规则，并加强与有关国家的全面合作，以期在全球范围内赢得一席之地，寻求长期发展。

再次，我国要加强对私营标准与低碳规则的关注。国际贸易供应链将会受到低碳规则和私营标准的影响，因此，我国应该加强对这些规则与标准的关注，并对相关的企业进行培训，遵守这些规则与标准。积极支持私营企业参加有关标准的制订，为我国企业赢得更大的话语权和影响力。

最后，我国要强化低碳技术的创新力度。低碳技术是企业可持续发展的关键，要健全有关制度，使其在激励技术创新方面发挥更大的作用。同时，要完善人才资源的开发与管理，强化人才培训与人才培训的基地建设，切实提高科技研发资本的投入，以适应我国对外贸易发展的需要。

二、发展数字化国际贸易

从国际贸易的发展趋势和中国对外贸易的发展势头来看，跨境电商已经成为一个时代的潮流。进入 2022 年，我国跨境电商利好政策频出，国家印发《关于同意在鄂尔多斯等 27 个城市和地区设立跨境电子商务综合试验区的批复》，跨境电商综合试验区的规模不断扩大。政府工作报告也再次发出稳定对外贸易的信号，强调要"充分利用跨境电商的优势，支持建设一批海外仓"，"数字贸易"也第一次出现在政府工作报告中。至今，自由贸易试验区、跨境电商综合试验区、外贸转型升级基地等多个平台已建成上百个保税维修项目，涉及航空航天、船舶、精密电子等领域。数字经济对传统贸易的提升起到了很大的推动作用，跨境电商等新业态为对外贸易的创新和发展注入一股新鲜的动能。

国际贸易的数字化发展已经进入了一个新的时代。以数字技术为基础的新型商品和服务贸易发展迅速，将会推动货物贸易和服务贸易的融合发展。跨境电商正朝着全方位的数字化、精益化、智能化的方向大步迈进，建立自己的品牌已成为跨国企业提高自身发展水平的一个重要措施，如何有效地运用社交渠道来加强营销能力已成为跨境卖家关注的重点。

在数字服务方面，随着大数据、云计算、人工智能、5G、物联网、区块链等技术的不断发展和应用，数字技术和数字化的服务已经成为推动服务贸易发展的重要支柱。一方面，数字技术的创新与应用使数字贸易领域不断拓宽，促进了新的数字服务贸易兴起和发展；另一方面，随着信息化技术的不断深入和广泛应用，跨境电商的智能化转型也将得到进一步深化。将自主研发的人工智能技术和大数据技术相结合，能够有效地解决跨境电商发展中遇到的问题。比如假证检测、证件识别、人脸识别、活体检测等 AI 产品，与官方身份数据库进行二次认证，并提供多维度用户画像、社交检测等功能，这些产品和功能全面覆盖跨境电商用户端与商户端安全风险痛点，有效帮助企业解决常见的身份验证与反欺诈问题，规避业务安全风险。

从数字技术的交叉应用来看，在大数据时代，价值来自于数据挖掘，提供数据的维度越多，数据的规模也就越大，其潜藏的价值也就越大。在未来的一段时间里，人们迫切需要解决的问题是怎样评价数据的价值、怎样使用这些数据进行交换和交易以及怎样防止有价值的信息被泄露。区块链技术为解决上述问题带来了可能性。利用共享账本，可以实时地跟踪和管理数据在各个方面的流通。通过对敏感信息的脱敏处理和访问权限的设定，可以更好地控制和规范大数据的共享授权，从而促进大数据的交易和流通。

在新时代、新理念、新格局的要求下，跨境电商要不断完善自身产业链和生态圈的建设，持续深化政务商务模式创新，持续探索标准规则和制度体系构建，逐步推动综合试验区建设朝着制度型开放、高质量发展方向转变。具体来说，要建设跨境电商特色产业集群，强化跨境电商市场主体培引，抓紧培育跨境电商人才，结合各地产业基础和优势，形成错位协同、资源共享、多元共生的发展格局，引导各地区跨境电商差异化发展，进而推动"中国制造"向"中国品牌"转变，为中国企业"出海"提供助力。

三、实现国际贸易金融创新

在当前形势下，实现国际贸易融资的创新发展，开拓国际市场，促进国内和国际双循环的相互衔接，是我国需要作出的一个必然选择。

一方面，国际贸易融资创新可以借助政策性金融的助力。政策性金融支持国际贸易创新有两大特征。第一，政策性金融对国际贸易的扶持是雪中送炭。企业资金缺口越大，越是需要融资支持，在企业资金需求量大而出口市场并不明朗的情况下，政策性银行能对有关的外贸公司给予有力的支持。第二，与同业的协作能力较强。商业银行的网点多，与小微企业的联系更紧密。通过与商业银行的合作，可以将政策性金融与商业金融相结合。目前对小微企业的扶持主要是通过转贷方式进行，政策性银行与商业银行签署转贷协议，共同联手为这些小微外贸企业提供金融支持。

另一方面，当下，供应链金融的发展仍然面临着严峻的挑战。供应链金融关注于核心企业、交易性资产、基于主体信用的数字技术等领域，而传统的信用制度已失去作用，新的信用体系却尚未完全建立。

为了实现供应链金融的可持续发展，必须解决透明、可追溯和信任等问题。具体而言，要从场景、导向、手段三个方面入手实现四个转变。从依靠核心企业向依靠产业集群、跨境生态转变，从单纯提供贷款向提供综合金融服务转变，从应收应付仓单向行为性资产转变，从金融服务被动满足企业融资需求向以供应链金融主动推动产业转型升级发展转变。

实现国际贸易金融的进一步创新，还需要重点解决三个问题。一是数字化的管理问题，数字化无法给企业带来信用，必须通过某种治理手段把控信用风险；二是数字化的运用问题，实现数字化应用不仅仅是为了管理风险、减少供应链中的信息不对称性问题，更是为了促进企业的价值创造与可持续发展；三是供应链金融体系结构的创新问题，包括基础设施、数据库、应用层面的架构搭建。只有解决了以上问题，我国的供应链金融才能得到长期的发展，并不断地为我国对外贸易创造新的生机。

参考文献

[1] 亚当·斯密.国民财富的性质和原因的研究[M].北京：商务印书馆，1997.

[2] 戈特哈德·贝蒂·俄林.地区间贸易与国际贸易[M].北京：首都经济贸易大学出版社，2001.

[3] 马祯，毛青.国际贸易实务[M].北京：对外经济贸易大学出版社，2020.

[4] 大卫·李嘉图.政治经济学及赋税原理[M].北京：商务印书馆，1962.

[5] 龙游宇，许抄军.国际贸易理论[M].北京：北京理工大学出版社，2017.

[6] 倪晓宁.低碳经济背景下的国际贸易发展问题[M].北京：中国经济出版社，2011.

[7] 周广澜，苏为华，谭娟娟.跨境电商：数字经济第一城的新零售实践[M].杭州：浙江工商大学出版社，2020.

[8] 陈霜华，黄菁，陶凌云，等.贸易金融理论与案例研究[M].上海：复旦大学出版社，2012.

[9] 钱婵娟.国际信贷实务与案例[M].上海：上海财经大学出版社，

2017.

[10] 刘利 . 互联网背景下国际贸易发展问题研究 [D]. 长春：长春工业大学 , 2017.

[11] 胡彬华 . 金融发展与技术进步对国际贸易影响的实证研究 [D]. 成都：西南财经大学 , 2014.

[12] 刘瑛 . 大宗商品结构性贸易融资研究 [D]. 上海：复旦大学 , 2013.

[13] 王雅梅 . 我国商业银行国际贸易融资业务发展策略研究——以南京银行为例 [D]. 苏州：苏州大学 , 2017.

[14] 张静明 . 我国对外贸易对绿色经济效率的影响研究 [D]. 广东外语外贸大学 , 2020.

[15] 王雅坤 . 基于区块链技术的跨境物流平台研究与设计 [D]. 重庆：重庆交通大学 , 2021.

[16] 董从光 . 数字贸易规则对国际贸易发展影响研究 [D]. 北京：北京邮电大学 , 2021.

[17] 李泽东 . 电子商务发展对我国国际贸易影响的实证研究 [D]. 杭州：浙江理工大学 , 2016.

[18] 黎秀秀 . 我国对外贸易、产业结构升级与经济增长关系研究 [D]. 重庆：重庆大学 , 2014.

[19] 阳锐 . 浙江省物流发展对国际贸易影响研究 [D]. 杭州：浙江大学 , 2014.

[20] 许晓军 , 袁辉 , 宁凯 . 比较优势边界与国际贸易政策研究 [J]. 沈阳工业大学学报 (社会科学版), 2014, 7(4):331-336.

[21] 杨俊玲 . 国际贸易与中国的技术进步——基于贸易分解数据 [J]. 国际商务 (对外经济贸易大学学报), 2019(3):46-58.

[22] 廖然 . 高质量发展战略下国际贸易水平发展机理研究 [J]. 商业经济研究 , 2019(17):142-144.

[23] 叶紫 , 柴宇曦 , 马述忠 . 应对国际贸易政策变动引发的跨境电商经营风险 [J]. 浙江经济 , 2017(21):46-47.

[24] 李雨薇 , 魏彦杰 . 国际贸易与环境保护的关系研究 [J]. 青岛大学学

报 (自然科学版), 2018, 31(3):129–132.

[25] 郑昌 . 国际货物运输保险之保险利益原则研究 [J]. 产业与科技论坛 , 2019, 18(3):38–39.

[26] 卢伟 . 借力互联网创新国际贸易模式 [J]. 人民论坛 , 2017(31):112– 113.

[27] 刘颖 , 黄日星 , 张涛 . 国际贸易绿色发展新趋势 [J]. 中国商界 , 2010(2):162.

[28] 张琴 . 大数据背景下跨境电商物流发展现状与对策分析 [J]. 中国管理信息化 , 2021, 24(18):82–83.

[29] 何美华 . 加快贸易金融创新 助推国际贸易综合改革 [J]. 清华金融评论 , 2014(7):43–45.

[30] 朱华全 . 国际贸易理论的发展及其阶段划分 [J]. 纳税 , 2019, 13(13):225.

[31] 李彦荣 . 关税与非关税措施 [J]. 科技情报开发与经济 , 2008(33):100– 101.

[32] 赵永兵 . "互联网 +" 环境下国际贸易的发展新方向 [J]. 商场现代化 , 2020(12):30–32.

[33] 邵宏华 . 贸易数字化：赋能与转型 [J]. 进出口经理人 , 2020(11):26– 27.

[34] 邵传华 . 国际物流融资：贸易融资的发展方向 [J]. 中国外汇 , 2011(9):60–61.

[35] 孙萍 . 论如何实现国际贸易与环境保护的协同发展 [J]. 商场现代化 , 2012(3):9–10.

[36] 马森森 . 跨境电商物流供应链协同发展概述 [J]. 中国物流与采购 , 2021(15):65.

[37] 陈立杰 . 国际贸易中环境问题的几点思考 [J]. 中国新技术新产品 , 2013(9):234.

[38] 刘向军 . 大数据时代国际贸易面临挑战及应对策略 [J]. 营销界 , 2019(29):1, 4.

[39]　王思淇．绿色贸易发展对中国贸易发展的影响研究 [J]. 中外企业家，
　　　2019(35):208–209.

[40]　王露露，高玲珍．运输方式对国际货物贸易影响分析——基于我国
　　　的实证研究 [J]. 现代商贸工业，2015, 36(18):47–48.

[41]　王小顺．国际货物运输保险中常见概念探讨 [J]. 合作经济与科技，
　　　2015(18):130–131.

[42]　李剑峰．论技术进步与国际贸易的相互关系 [J]. 经贸实践，2018
　　　(7):86–87.

[43]　陶海花．探究国际贸易理论发展思路及新趋向 [J]. 商场现代化，
　　　2018(7):67–68.

[44]　高恩达．移动互联网对国际贸易的影响及对策研究 [J]. 商场现代化，
　　　2019(20):88–89.

[45]　崔巍．绿色发展理念引领贸易经济高质量发展研究 [J]. 价格月刊，
　　　2022(4):68–73.

[46]　刘孺泾．分析国际贸易供应链金融的几种常见融资方式 [J]. 财经界，
　　　2021(11):64–65.

[47]　孙一玮．国际贸易中经济金融发展研究——评《金融创新与国际贸
　　　易经济发展》[J]. 国际贸易，2021(3):98.

[48]　陈冀．国际贸易结算风险防范策略探析 [J]. 中国储运，2021(12):96–
　　　97.

[49]　高琳．传统企业跨境电商物流的发展困境与策略研究——以万邑通
　　　为例 [J]. 老字号品牌营销，2022(1):142–144.

[50]　徐明．多式联运供应链金融的协调与协同优化 [J]. 中国外资，
　　　2021(22):94–95.

[51]　李卓文．国际贸易中的绿色贸易壁垒问题及解决对策 [J]. 产业创新
　　　研究，2022(1):20–23.

[52]　白平，李可欣．利用大数据解决国际贸易结算中问题与风险对策 [J].
　　　现代企业，2022(3):150–151.

[53]　屈枭．绿色物流和国际贸易的互动关系和协同发展研究 [J]. 现代商

贸工业 , 2022, 43(9):53–55.

[54] 胡延超 . 科技进步在国际贸易中的作用分析 [J]. 中国高新区 , 2018(12):7.

[55] 单双双 , 戴昀弟 . 数字经济背景下出口贸易转型发展路径与优化策略 [J]. 商业经济研究 , 2022(10):150–153.

[56] 王莉莉 . 数字化国际供应链时代加速而来 [J]. 中国对外贸易 , 2022(5):48–49.

[57] 白平 , 李可欣 . 大数据时代的国际贸易发展挑战与应对措施 [J]. 现代企业 , 2022(06):119–120.

[58] 潘新明 . 循环经济与国际贸易可持续发展战略研究 [J]. 商展经济 , 2022(10):21–23.

[59] 陈龙 . 国际贸易供应链金融的融资方式及对策探析 [J]. 商展经济 , 2022(10):45–47.

[60] 谢世清 , 何彬 . 国际供应链金融三种典型模式分析 [J]. 经济理论与经济管理 , 2013(4):80–86.

[61] 黄海宁 . 国际贸易融资业务的创新趋势 [J]. 新金融 , 2006(11):36–40.

[62] 秦焕梅 . 我国商业银行国际贸易融资问题分析 [J]. 经济问题探索 , 2012(2):24–29.

[63] 陈晓文 . 国际贸易理论发展思路及新趋向 [J]. 国际商务 (对外经济贸易大学学报), 2010(6):34–38+94.

[64] 佟家栋 , 王艳 . 国际贸易政策的发展、演变及其启示 [J]. 南开学报 , 2002(5):54–61.

[65] 卢志强 , 葛新锋 . 区块链在跨境支付中的应用研究 [J]. 西南金融 , 2018(2):23–28.

[66] 朱启松 , 朱慧婷 . "互联网 +" 背景下跨境电商发展的 SWOT 分析——以重庆为例 [J]. 四川理工学院学报 (社会科学版), 2016, 31(5):73–82.

[67] 李海波 . 利用区块链技术促进我国跨境电商发展 [J]. 财会月刊 , 2019 (3):142–146.

[68] 许嘉扬 . 基于区块链技术的跨境支付系统创新研究 [J]. 金融教育研

究, 2017, 30(6):9–14, 25.

[69] 徐惟, 卜海. 技术贸易壁垒对技术创新和出口贸易的倒逼机制 [J]. 经济与管理研究, 2018, 39(3):77–88.

[70] 曾海燕. 我国中小企业国际贸易融资创新研究 [J]. 邵阳学院学报 (社会科学版), 2010, 9(3):64–67.

[71] 张志辉. 供应链金融融资模式与风险研究 [J]. 知识经济, 2016(1):39–40.

[72] 张敏洁. 国内外物流业新业态发展研究 [J]. 中国流通经济, 2019, 33(9):29–41.

[73] 徐倩. 区块链, 跨境支付的新机遇 [J]. 佳木斯职业学院学报, 2017(12): 435–436.

[74] 田野, 曹倩. 国际贸易、要素禀赋与政体类型的变迁——一个基于阶级均势的分析框架 [J]. 世界经济与政治, 2016(2):4–35, 156–157.

[75] 陈雪瑶. 国际贸易结算方式风险控制探究 [J]. 商场现代化, 2017(1): 17–18.

[76] 谢玲红, 魏国学, 刘宇. 非关税措施的量化研究进展 [J]. 经济评论, 2016(4):151–160.

[77] 李娜, 沈四宝. 数字化时代跨境数据流动与国际贸易的法律治理 [J]. 西北工业大学学报 (社会科学版), 2019(1):90–96.

[78] 吴书凤. 浅析大数据时代的国际贸易理论新发展 [J]. 市场研究, 2015(10):7–8.